AF411396

RECHERCHES

ET DOUTES

SUR

LE MAGNÉTISME ANIMAL,

RECHERCHES

ET DOUTES

SUR

LE MAGNÉTISME ANIMAL.

PAR M. THOURET,

Docteur Régent de la Faculté, et Membre de la
Société Royale de Médecine.

A PARIS,

CHEZ PRAULT, IMPRIMEUR DU ROI,
Quai des Augustins, à l'Immortalité.

1784.

CE n'est point sur ce qu'on peut penser du magnétisme animal d'après les effets qu'on lui attribue, que portent les réflexions que je présente dans cet ouvrage. Un grand nombre de personnes, dont on ne peut révoquer en doute la sagacité & la bonne foi, se sont chargées du soin d'observer sous ce rapport la méthode de M. Mesmer, & l'on doit s'attendre à voir bientôt paroître le résultat de leur examen. C'est d'un autre point de vue que je considere ici cet objet. On a beaucoup écrit sur tout ce qui le concerne. Le magnétisme animal, suivant ses auteurs, est une science qui a sa méthode, ses regles, ſes principes, & le fonds même de ce ſyſtême a été dévoilé par M. Meſmer. C'eſt en public que les traitemens ont lieu, & les procédés qu'on y employe ſont ainſi connus d'un grand nombre de perſonnes. C'eſt de l'examen de ces moyens en général, & de ce ſyſtême en particulier, que je me propoſe de m'occuper. Je ne parle point ici de ce que l'on obſerve du magnétiſme animal dans ſon emploi; mais de ce que l'on a dit de ſa nature. Je ne l'examine point dans les effets qu'on lui voit opérer, mais dans les propriétés qu'on lui attribue. Je conſidere les auteurs de cette découverte, non comme employant le magnétiſme, mais comme ayant écrit ſur ce qui le concerne, ou si je parle de son usage, c'est moins aux effets qu'il occasionne que j'ai égard, qu'aux moyens qu'on met en œuvre pour les produire. On convient assez généralement que pour bien juger d'une chose, il faut au moins la considérer sous différentes faces. D'après ce principe, j'ai pensé que mon travail pourroit être de quelque utilité.

On a dit en parlant du magnétisme animal, qu'il est des objets qu'il ne faut pas réfuter sérieusement; je laisse aux autres à juger du parti que l'on peut tirer de ce conseil. Mais je n'adopterois pas volontiers cette maniere d'agir avec M. Mesmer, au moins par rapport à un certain ordre de ses partifans. Un nombre confidérable de perfonnes croyent, dit-on, à fa doctrine : plufieurs même fe louent de fa méthode, & dans ce nombre il en eft dont les qualités, l'efprit & le rang méritent les plus grands égards. La bonne-foi fur-tout doit être toujours ménagée. Quelques perfonnes enfin ont encore dans leur croyance de plus refpectables motifs ; l'amour du bien public, dont elles penfent que les intérêts font liés à ceux de cette découverte. Eft-ce par des plaifante-ries qu'on doit entrer en difcuffion avec de pareilles perfonnes ?

Mais ne pourroit-on pas plutôt dire qu'il y a des objets qu'il ne faut pas voir de trop près, pour les bien juger ; & fur lefquels il eſt au moins néceſſaire de réfléchir quelques momens avant de les approcher ? L'obſerva tion n'eſt pas toujours une choſe auſſi facile, auſſi ſûre qu'on pour- roit le croire. Elle n'exige pas, dans tous tous les cas, la même poſition de la part de l'obſervateur. Il y a des faics d'un certain ordre qui, par le nombre & la grande variété, la grande mobilité des effets qu'ils préſentent, par le ca- ractere de ſingularité qu'ils offrent, qui faiſant enfin ſpectacle, peuvent facilement induire en erreur, & qui frappent ſur - tout ſi vivement les ſens, qu'ils ne laiſſent pas à l'ame la tranquillité néceſſaire à la réflexion. Eſt - on mieux placé, dans des circonſtances de la ſorte .

pour bien juger, en fe plaçant au milieu de l'illufion ? N'eft-il pas prudent au moins, avant de fe livrer à l'obfervation de pareils faits, de bien réfléchir fur la facilité que l'on peut avoir d'en abufer ; & fi une expérience fuffifante a fait affez connoître quelle opinion on en doit prendre, a-t-on befoin de nouvelles preuves, & ne fuffit-il pas d'un fimple examen pour les apprécier ?

Ces réflexions peuvent trouver leur application ici. C'eft en grand, c'eft en public que les traitemens du magnétifme animal ont lieu, & c'eft fur des moyens connus comme propres à faire illufion, & qui ont été fur-tout dans bien des cas employés pour la répandre, que font fondés en plus grande partie fes procédés. Je veux parler ici des accidens ou crifes nerveufes & convulfives. On n'ignore point quel abus on en a fait pour établir des er-reurs, & ces exemples doivent mettre en garde contre leur emploi, quand on les voit re-paroître à l'appui de nouvelles prétentions. C'eft fous ce voile qu'étoit caché tout le fecret des prodiges de Saint-Médard, des poffeffions de Loudun. C'eft en difcutant, en approfondiffant ces moyens, en faifant voir com-bien il eft facile d'en abufer, que Hecquet & un autre auteur ont dévoilé ces preftiges. Ce que ces auteurs ont exécuté, j'ai penſé qu'on pouvoit le faire dans la circonſtance actuelle. Je ſuis bien éloigné ſans doute de prononcer ici ſur le dégré de reſ-ſemblance ou de rapport qui peut exiſter entre ces divers événemens & de penſer qu'il ne ſoit point utile de ſuivre les traitemens de M. Meſmer, ou qu'on ne puiſſe rien y découvrir. Mais ſi les procédés qu'il emploie offrent une forte apparence de conformité avec ceux qui ont occaſionné l'illuſion dans les cir-conſtances dont je viens de parler, ne peut-on pas craindre d'être in-duit auſſi par eux en erreur, & qu'ils ne répandent une illuſion par laquelle on ſeroit ſoi-même ſéduit? Les réflexions déjà faites pour ſe tenir en garde contre de pareils moyens, ne doivent-elles pas au moins être confultées, & n'en pourra-t-on pas tirer, par un examen froid, tranquille & impartial, d'auffi grandes lumieres, & de plus fûres peut-être que de l'obfervation même des faits & de la préfence fuivie aux traitemens ?

Il eft d'ailleurs une autre point fur lequel la découverte annoncée par M. Mefmer, peut & doit même être examinée indépendamment des faits. Ce n'eft point une chofe neuve que ce *magnetifme*, ou cette exiftence f ppofée d'un agent premier moteur de la nature, & moyen univerfel de guérifon. Sous le premier de ces deux rapports, cette idée a été un fujet de méditation pour toute l'antiquité, pour

les philofophes de tous les fiecles.
Sous le fecond, elle a donné naiffance à quelques opinions extraordinaires en Médecine. On a tenté
en différens tems d'en expliquer
la nature, d'en développer les propriétés, la maniere d'agir, & ces
efforts ont donné lieu à plufieurs
fyftêmes qui, deftitués de raifon &
de réalité, font tombés fucceffivement dans l'oubli. Mais n'eft-il pas
utile en général, quand on veut
apprécier une opinion, de rappro-
cher tout ce qui a été dit de re-
latif à ce qui la concerne, & n'eft-
ce pas un moyen de plus pour l'ordinaire de multiplier les lumieres?
Si d'ailleurs, en développant la
nature de fon agent, on trouvoit que M. Mefmer revînt aux

mêmes principes, & rapportât les mêmes affertions qui auroient été déjà difcutées, approfondies & rejettées comme deftituées de fondement ; fi fous ce rapport, l'on pouvoit dire de fa doctrine ou de fes principes ce que nous avons déjà dit de fa méthode ou de fes procédés, c'eft-à dire, qu'elle femble avoir de l'analogie avec des moyens qui ont été déjà employés; s'il étoit poffible enfin de tirer quelques lumieres de l'examen de fon fyftême, comme de celui des faits, devroit-on les négliger? Or, c'eft ce qu'il me femble qu'on peut affurer, & ce dont je me propofe de mettre ici le public & M. Meffmer lui-même à portée de juger. Le travail que j'ai publié fur l'aimant ( ) dont j'avois été chargé de m'occuper conjointement avec M. Andry, m'a fourni l'occafion de faire fur cet objet des recherches particulieres, que je crois utile de communiquer.

Ce font donc de fimples réflexions fur ce que M. Mefmer a publié de fon fyftême, fur ce que l'on connoît de l'efpece, de la nature & du caractere des moyens qu'il emploie, que je préfente dans cet écrit. Réunies avec les lumieres que l'on aura recueillies de l'examen des

____

(1) Voyez *Obfervations & recherches fur l'ufage de l'aimant en médecine*, &c. Extrait des Mémoires de la Société Royale de Medecine, année 1779, in-4°. de 168 pages. De l'Imprimerie de MONSIEUR. 1782.

faits, elles ne pourront que concourir à fixer plus précifément les idées. En les propofant, je les expoferai avec tout le développement & toute l'étendue dont elles me femblent fufceptibles, afin qu'étant approfondies, on les rejette fi elles n'ont aucun fondement, ou que fi elles méritent quelque attention, elles foient accueillies, évaluées & placées à leur rang. Mon intention au refte eft de ne les donner que pour ce qu'elles peuvent valoir, & ne les propofer fur-tout que comme autant de doutes qu'on peut élever contre M. Mefmer.

Je n'ignore point au refte combien il feroit facile de multiplier les recherches fur cet objet; & M.

Mefmer, en faifant connoître plus amplement fa doctrine, en fournira fans doute l'occafion. Mais outre que dans le moment actuel j'ai dû me borner à ce qui étoit connu, celles que j'ai données m'ont paru fuffifantes pour indiquer les fources où doivent puifer ceux qui defireront fuivre ce genre de travail. Quant aux réflexions, je les ai deftinées à faire connoître feulement combien il peut être facile, fans rien changer à nos connoiffances actuelles, de rendre raifon des effets attribués au magnétifme animal, & dès lors de quel genre doivent être les preuves que M. Mefmer doit apporter pour en démontrer l'exiftence.

E X T R A I T des Regiſtres de la Société Royale de Médecine.

Nous avons été chargés par la Société royale de Médecine d'examiner un ouvrage de M. Thouret, notre confrere, intitulé *Recherches & doutes ſur le magnétiſme animal.*

En liſant attentivement cet ouvrage, on voit qu'il eſt compoſé de deux parties très–diſtinctes ; l'une qui eſt en quelque ſorte hiſtorique, expoſe les rapports du magnétiſme animal, tel qu'il étoit connu des anctens , avec celui qui eſt admis par les modernes ; l'autre contient des réflexions critiques, des doutes ſur les preuves qui ſervent de baſe à cette doctrine dont M. Thouret montre l'incertitude. Nous eſſayerons de donner à la compagnie une idée de ces recherches.

Le magnétifme animal a tenu une des premieres places parmi les fyftêmes, dans ces tems où l'on fe contentoit de fuppofitions au lieu de faits, & cette hypothèfe a difparu avec tant d'autres, lorfque la phyfique expérimentale a diffipé les preftiges de l'imagination & réduit les connoiffances à leur jufte valeur.

Il s'agiffoit d'un fluide très-fubtil auquel on avoit donné des noms impofans, tels que ceux d'*ame du monde*, *d'efprit de l'univers*, *de fluide magnétique univerfel*, & qui s'étendoit, difoit-on, des aftres jufqu'à nous, animoit toute la nature, pénétroit toutes les fubftances, & donnoit à tous les corps animés en général & à leurs diverfes régions en particulier des forces d'attraction & de répulfion par le moyen defquelles on expliquoit tout.

On ne fe contentoit pas d'admettre

ou plûtôt de suppofer un fluide de ce genre; on fe flattoit de pouvoir par certains procédés, s'en rendre maître & en difpofer à volonté. On poufloit plus loin encore ces chimériques pré- tentions; on afluroit que ce fluide dans lequel on admettoit une forte de flux & de reflux, avoit une grande action fur les nerfs, une grande analogie avec le principe vital ; que fes effets dirigés par une main habile, s'étendoient à de grandes diftances fans l'intermede d'aucun corps étranger; qu'il étoit pof- fible d'en imprégner foit des poudres, à la maniere de Digbi qui difoit l'avoir fixé dans la fienne, foit des fluides, foit diverfes parties du corps des ani- maux ; que cet agent étoit, comme la lumiere, réfléchi par les glaces, & que le fon & la mufique en augmen- toient l'intenfité.

Les partifans du magnétifme animal

qui ont écrit dans le dix-septieme siecle, ne bornoient pas là leurs espérances. L'art de diriger un fluide qu'ils avoient fait descendre du ciel, & qui selon eux agissoit d'une maniere aussi marquée sur le corps humain, devoit avoir une grande liaison avec la médecine ou plutôt pouvoit la suppléer ; aussi ne manqua-t-on pas de dire qu'en le faisant circuler à propos, on étoit sûr de guérir les organes malades & de conserver la santé de ceux dans lesquels elle n'auroit souffert aucune atteinte.

Telle fut l'origine d'une médecine externe & universelle, d'une espece nouvelle, & qui se vantoit d'avoir l'avantage de guérir sans qu'on fût obligé d'avaler aucunes drogues. Bientôt on reconnut des poles dans le corps humain, c'est-à-dire des points sur lesquels, à ce qu'il paroît, l'action du fluide supposé devoit être dirigée ; on opéra, sans le fecours de la pharmacie, des cures, des purgations ; on fit éprouver aux malades des fenfations de divers genres, & malgré les grands effets attribués à cet agent, on affura que les perfonnes les plus foibles & les plus délicates pouvoient y être foumifes fans aucun danger. Ces procédés étonnans avoient encore un autre ufage ; celui de faire connoître le fiége du mal fi fouvent ignoré & vers lequel le fluide fe dirigeoit fans doute avec une forte d'intelligence. Il perfectionnoit la coction des humeurs ; les maux de nerfs fur-tout réfiftoient rarement à fon activité ; il favorifoit la tranfpiration. Enfin, & cette derniere remarque eft importante, il agiffoit puiffamment fur le moral. Un penchant prefqu'irréfiftible, étoit la bafe de l'attachement & de la reconnoiffance, voués par les malades à ceux qui les avoient traités fuivant

ce procédé. Plufieurs, au nombre def-
quels étoit Maxwel, donnoient même
à entendre qu'il étoit poffible dans quelques circonftances de la vie, d'abufer
de ce moyen.

Ce tableau du magnétifme animal
tel qu'il a été imaginé & célébré par
les anciens, eft fidelement extrait des
recherches de ʿM. Thouret. Les principaux auteurs dans les ouvrages def-
quels il a puifé, font Paracelfe, Van-
Helmont, Goclenius, Burgravius, Libavius, Wirdig, Maxwel, Santanelli,
Tentzelius, Kircher & Borel. Les
paffages font extraits & cités en entier,
& M. Thouret dans cette production,
comme dans plufieurs autres, a montré
l'érudition la plus variée, la plus exacte
& la plus étendue.

Il eft facile de voir combien le fyftême que nous avons expofé eft analogue

logue à celui de M. Mesmer. Pour en donner la démonstration, M. Thouret a considéré séparément chacune des propositions publiées & avouées par ce dernier. Elles sont au nombre de vingt-sept ; & il résulte de cet examen, qu'elles sont toutes positivement énoncées dans quelques-uns des Auteurs dont nous avons rapporté les noms.

Il n'y a pas jusqu'aux expériences de la Bague & de l'Epée (*voyez pag.* *120 & 121 de l'Ouvrage,*) que M. Thouret a trouvées décrites dans Kircher. Il est donc certain que les assertions de M. Mesmer, qu'il regarde comme ses principes, ne lui appartiennent point ; & que cette théorie, au lieu d'être une nouveauté piquante, est un ancien système abandonné depuis près d'un siecle.

En remontant à ce que les Auteurs originaux ont avancé, on trouve en

effet des fuppofitions dénuées de fondement, & qui, faute de preuves,
font tombées dans l'oubli. Toutes les
parties de cette hypothèfe n'étoient liées
entre elles que par l'imagination. La
marche que l'on avoit fuivie pour l'é-
tablir avoit été la même que celle de
l'art de guérir, foit par les enchantemens, foit par les exorcifmes. Ç'a toujours été par des fenfations que l'on a
prétendu prouver l'exiftence de ces divers agens ; & fi ce genre de preuve
fuffifoit, il n'y en auroit aucun qui
ne fût démontré. La faine Phyfique
a donc refufé d'y croire, ainfi qu'au
magnétifme, tel que Maxwel, Goclenius & Santanelli l'ont préfenté, & tel
que nous l'avons expofé nous-mêmes
au commencement de ce rapport.

Le magnétifme animal de M. Mefmer mérite-t-il plus de confiance ?
M. Thouret, fans répondre à cette

queſtion d'une maniere poſitive, s'eſt permis à ce ſujet dans la ſeconde partie de ſon ouvrage des réflexions qu'il n'a propoſées que comme des doutes, & qui ne ſont relatives qu'à ce que M. Meſmer a publié ou avancé authentiquement. On pourroit lui objecter, dit M. Thouret :

1°. Que le toucher ſouvent employé dans ſa méthode, & d'une maniere ſoutenue, ſur des régions très-ſenſibles, telles que celles de l'eſtomac, &c, peut produire des effets, en communiquant une impulſion vive aux nerfs des plexus qui y ſont ſitués, & qui ſont liés avec tous ceux du corps humain ; que les Auteurs offrent un grand nombre de faits de ce genre, & que par conſéquent les ſenſations auxquelles les attouchemens donnent lieu, ne prouvent point l'exiſtence d'un agent ou fluide particulier.

2°. Que la chaleur produite par la

main, le mouvement communiqué à l'air peuvent occafionner des impreffions très-fortes dans une perfonne très-fenfible, & dont les fibres font en convulfion, fans qu'aucun de ces effets prouve un agent nouveau.

3°. Qu'en s'emparant de l'imagination par un appareil impofant, par des procédés extraordinaires, par la confiance que donnent de grandes promeffes, & l'enthoufiafme, il eft poffible d'augmenter le ton des fibres fenfibles & nerveufes, de diriger enfuite par des attouchemens leur impulfion vers certains organes, & d'y exciter ainfi des évacuations, ou excrétions, fans qu'il en réfulte ni pour la Phyfique ni pour la Médecine aucune connoiffance nouvelle.

4°. Que les partifans du magnétifme animal ne produifent ce qu'ils appellent *des crifes*, c'eft-à-dire un état convulfif, que dans des fujets très-irritables, très-nerveux, & sur-tout dans des femmes dont la sensibilité a été précédemment excitée par les moyens susdits.

5°. Que parmi ces causes disposantes, on doit sur-tout compter la présence d'une personne déjà en convulsion, ou prête à y entrer ; qu'ainsi qu'un organe attaqué de spasme le propage facilement à tous les autres organes, il se transmet de même d'un homme à un autre homme ; qu'il ne faut donc pas être surpris si dans les salles où se font les traitemens prétendus magnétiques, le spasme & même les convulsions se répandent aussi promptement, le moyen de les produire étant aussi facile ; & que l'histoire fournit un grand nombre de faits dans lesquels les convulsions se sont propagées dans un Village, dans une Ville entiere, d'une maniere plus surprenante encore que celle dont le magnétisme animal offre l'exemple.

6°. Que l'histoire nous a transmis

également un grand nombre de guérifons opérées par la peur ou la joie, par
la commotion de quelque paſſion vio-
lente ; ce qui prouve ſans replique le
pouvoir de l'influence nerveuſe ſur les
maladies.

7°. Qu'à différentes époques, deux
Empiriques fameux, Greatrakes Irlan-
dois, & Gaſſner de Ratiſbonne, ont
produit ſur différentes perſonnes des
effets qui ont paru ſurprenans, & qui
ont eu des admirateurs ; qu'ils n'employoient que des attouchemens, ſoit
ſur la nuque, ſoit ſur le membre ſouf-
frant, & qu'il a été unanimement reconnu qu'ils n'agiſſoient que ſur l'imagination.

8.° Que dans un grand nombre de
cas, les Partiſans du magnétiſme animal ſemblent être plus occupés du ſoin
de ſurprendre les Spectateurs que de
guérir les malades ; le ſpaſme, les convulſions qu'ils donnent produiſans des

maux certains, ne fut-ce que par l'habitude de cet état qu'ils font contracter, tandis que les avantages de cette pratique ne font pas également démontrés.

9.° Que certaines maladies locales n'étant pas du nombre de celles fur lefquelles le magnétifme animal agit, & certaines perfonnes, de l'avis même de M. Mefmer, n'étant pas fufceptibles de fon effet, on pourroit foupçonner que les Partifans de cette méthode fe feroient ménagés cette reffource pour rendre raifon de leur défaut de fuccès dans certains cas.

10°. Que prétendre à la découverte d'un moyen qui puiffe fuffire dans tous les cas de maladie, c'eft-à-dire, à la Médecine univerfelle, eft une illufion qui n'eft pas excufable dans un fiécle éclairé.

11°. Que l'on peut expliquer par les effets connus de la fenfibilité, & fans aucun agent nouveau, les phénomenes

que M. Mefmer produit par une méthode
dont il n'a point fait part au Public.

12°. Que M. Mefmer, en fuppofant
qu'il ait un agent particulier, a fuivi
une route contraire aux intérêts de cette
découverte, en fe conduifant comme
ceux qui ont fait de vains efforts pour
accréditer un fyftème digne à tous égards
de l'oubli dans lequel il eft tombé.

La Compagnie peut juger l'Ouvrage
d'après cet extrait : il eft important de
rappeller ici que la Société Royale con-
noiffant le zèle de M. Thouret, & les
travaux nombreux qu'il a faits fur tout
ce qui concerne le magnétifme, l'a
chargé , dans fa Séance tenue le 12
Mars 1784, de recueillir dans les Auteurs, tant anciens que modernes, tout
ce qui a été écrit fur le magnétifme
animal. Ces recherches auffi complettes
qu'on puiffe le defirer, & dont M.
Thouret avoit communiqné le plan à la.

Société, compofent la premiere partie de fon Ouvrage, & peuvent être confidérées comme fon rapport fur cet objet. Nous croyons que la Compagnie lui doit des remercimens à cet égard. La feconde Partie contient des réflexions judicieu-fes & des doutes fages. Nous penfons qu'elle mérite, comme la premiere, d'être imprimée avec l'Approbation & le Privilége de la Société.

La Compagnie chargée par le Roi de l'examen de tous les moyens curatifs, nouveaux & fecrets, n'a pas vu fans in-quiétude l'efpèce de vogue acquife par le magnétifme animal, dont les procédés, quels qu'ils foient, ont été & font ad-miniftrés à des malades, & payés par le public fans avoir été préalablement, ainfi que les loix du Royaume l'ordonnent, foumis à l'examen des Gens de l'Art; abus contre lequel la Société s'eft éle-vée comme elle le devoit dès le prin-

cipe. Elle doit être flattée qu'un de ses
Membres publie des recherches savan-
tes sur une matière qui n'a été jusqu'ici
traitée que dans des écrits anonymes,
dont la plupart sont plutôt destinés à
l'amusement qu'à l'instruction des Lec-
teurs. L'Ouvrage de M. Thouret, mé-
dité avec soin, éclairera ceux qui y cher-
cheront de bonne foi des lumières, &
servira beaucoup à résoudre une question sur laquelle l'intérêt public exige
que l'on prononce au plutôt.

Au Louvre, le 9 Juillet 1784.

Signés, GEOFFROY, DESPERRIERES,
JEANROI, DE FOURCROY, CHAMBON
ET VICQ D'AZYR.

APPROBATION
de la Société Royale de Médecine.

JE certifie que le préfent Rapport, dont j'ai été chargé conjointement avec MM. Geoffroy, Defperrieres, Jeanroi, de Fourcroy & Chambon, & qui a été lu dans la féance tenue au Louvre le 9 de ce mois, eft conforme à l'original contenu dans les Regiftres de la Société Royale de Médecine qui en a adopté les conclufions.

A Paris, le 10 Juillet 1784.

VICQ D'AZYR,
Secrétaire perpétuel.

RECHERCHES

RECHERCHES

ET DOUTES

SUR L'EXISTENCE

DU MAGNÉTISME ANIMAL.

IL ne faut être que médiocrement verſé dans la lecture des Auteurs, pour ne pas ignorer que la doctrine annoncée par M. Meſmer, a formé pendant un ſiècle une opinion dominante qui, dans l'hiſtoire de tant de ſectes fâcheuſes pour la Médecine, offre une époque très-remarquable ; qu'elle a réunie en ſa faveur un grand nombre de partiſans ; qu'elle a donné lieu à une foule de diſſertations & d'écrits, que l'on a recueillis dans des ou-

A

vrages très-nombreux. C'eſt ſous le même nom que cette doctrine étoit alors annon-cée. Qui ne connoît pas les différens auteurs qui ont traité du magnétiſme propre à l'économie animale, & de ſon uſage dans la cure des maladies ? *Vanhelmont* (1) a publié un traité *de la cure magnétique des plaies.* On doit à *Goclenius*, Profeſſeur en Médecine, un ouvrage portant le même titre (2), auquel il donna une ſuite (3), ſous le titre de *Synarthroſis magnetica.* Le père *Roberti*, Jéſuite, publia, pour réfuter ces deux ouvrages, deux traités intitulés, le premier, *Examen*, &c. (4) Le ſecond,

---

(1) De magneticâ vulnerum curatione.

(2) Rod. Goclenii tractatus de magneticâ vulnerum curatione. Theatrum Sympatheticum. Norimberg. 1662. in-4°. pag. 177.

(3) Rodolph. Goclenii Synarthroſis magnetica pro defenſione tractatûs de magneticâ vulnerum curatione.

(4) Anatome curationis magneticæ Goclenii.

Refutation de la cure magnétique de Goclenius (1).

Ce n'est pas seulement à la guérison des playes & des blessures, ou des maladies chirurgicales & externes, que ces auteurs emploioient le magnétisme qu'ils reconnoissoient dans l'économie animale. Ils en faisoient également usage pour le traitement général des maladies. *Burgravius* a publié un petit traité sur cet objet (2). On doit à *Santanelli* (3) des détails sur les médicamens & la Médecine magnétiques. *Nicolas de Locques* a publié, en 1664, (Paris *in*-8°.) un

------

(1) Goclenius Heautontimorumcnos, id est, curationis magneticæ ruina.

(2) Joann. Ernest. Burggravii Neost. Palatini Byolychnium seu lucerna..... cui accessit cura morborum magnetica, &c. 1629. in-12.

(3) Ferdinandi Santanelli Philosophia recondita, sivè magicæ magneticæ mumialis scientiæ explanatio. Coloniæ 1723. Voyez le chapitre 14 *de magnetibus seu de pharmaeis magneticis.*

traité des vertus magnétiques du fang. On lit dans quelques chapitres de *Libavius* (1) des détails qui se rapportent au même objet. Il y parle du magnétisme du petit monde, ou propre aux êtres vivans. *Tentzelius* a publié un traité de la Médecine appellée magnétique (2). *Wirdig*, dans sa *Nouvelle Médecine des esprits*, (3) insiste parmi les objets

---

(1) Alchemiæ, lib. 2. tract. 1. Voyez le chapitre intitulé *de magifterio qualitatis occultæ, ubi de magnetifmo*. Voyez auffi Syntagma arcanorum chymicorum, de magifteriis formalibus, lib. 1, cap. XIX. nonnulla quædam ad cap. 2, tract. 1, lib. 2. Alchemiæ, ubi de magnete. L'auteur y parle *de magnete hippocratico, feu minoris mundi, vel omninò viventium*; & de la pierre d'aigle, *lapis ætites*, appellée, dit-il, par plufieurs *magnes uteri.*

(2) Andræas Tentzelius, *de medicinâ diafraticâ*, terme employé par les auteurs comme fynonime de *medicinâ magneticâ.*

(3) Sebaftiani Wirdig, nova medicina fpirituum, &c. in quâ... *rerum magnetifmi...*

dont il traite fur le magnétifme des corps, & les cures par le magnétifme. *Maxwel* (1) parle d'une eau & d'une poudre magnétiques qu'il avoit inventées. On doit fur-tout à cet auteur un traité complet fur la Médecine appellée Magnétique. Enfin, outre le *magnétifme médicinal*, & le *magnétifme animal*, ou propre aux êtres animés, dont parle le favant père *Kircher*, dans fon fameux ouvrage fur l'aimant (2), il traite dans

----

..... *curationes per magnetifmum*, ... &c. Hamburg. 1688. in-16. — Voyez fur-tout lib. 1, le chapitre 27, *de magnetifmo & Sympatheifmo*..

(1) De medicinâ magneticâ, libri tres auctore Guillelmo Maxwello M. D. Scoto-Britanno. Francof. 1679. in-16. Voyez le chap. 7. concl. 6, & le chap. 10, liv. 2.

(2) Athanafii Kircheri magnes, five de arte magneticâ, &c. Romæ 1654, in-fol. Voyez libri 3, mundi magnetici, pars 7, Ιατρομαγνητισμος, id eft, *magnetifmus medicinalium*... Voyez aufli libr. 3; pars 6, Ζωομαγνητισμός,

un petit fupplément à cet ouvrage, des aimans animés, ou particuliers *aux êtres doués de la faculté de fentir*. On y trouve d'ailleurs plufieurs exemples rapportés pour prouver l'exiftence de ce magné-tifme, dans plufieurs efpèces fur-tout d'animaux particuliers.

On entendoit dans cette opinion par le mot *magnétifme*, abfolument la même chofe que M. Mefmer annonce par fon magnétifme moderne; favoir, l'art de gué-rir par des remèdes purement externes, par des moyens abfolument particuliers, mais plus fimples, plus directs, en ban-niffant tous les remèdes pris à l'intérieur, & les différens procédés de la Méde-cine ordinaire ; en un mot, en employant un moyen d'agir fur le corps humain,

---

magnetifmus animalium. Le fupplément à l'ouvrage précédent du père Kircher eft inti-tulé *magneticum naturæ regnum , fivé de tri-plici in naturâ rerum magnete—inanimato , animato, fenfitivo.* Amftelod. 1667. in-16.

qui, comme on l'obferve de l'aimant par rapport au fer, étant un moyen d'action purement externe, & qui s'emploie fans aucun contact immédiat ; enfin, qui opère par une action qui a lieu dans l'éloignement, (ce que les auteurs appelloient *actio in diflans*), étoit nommé ainfi par eux *magnétifme* ou *procédé magnétique*.

Cet art étoit fondé fur une théorie très-étendue, & dans laquelle il n'eft aucune des propofitions énoncées par M. Mefmer, qu'on ne puiffe retrouver. Ils admettoient l'exiftence d'un premier agent auquel ils donnèrent le nom de *fluide univerfel*, dénomination plus phyfique qu'ils fubftituèrent dans des temps plus éclairés, à celles que l'on avoit données jufqu'alors à ce même principe, telles que celles d'*ame du monde*, d'*efprit de l'univers*, d'*influence célefte ou des aftres*, de *force de fympathie*, ou de *qualité occulte*. Ce prin-

cipe, fuivant eux, étoit répandu généralement dans l'efpace. Il animoit tous
les corps de la nature dont il formoit
l'efprit vital, & c'étoit à fa préfence,
& tant qu'il réfidoit en eux, qu'étoit
due leur confervation. Il leur paroiffoit
émaner des régions céleftes, & tirer
fa fource du foleil & des aftres. Suivant eux, il établiffoit entre nous &
les régions fupérieures une communication véritable, en jouiffant dans l'efpace d'un mouvement de flux & de reflux continuel. C'étoit enfin dans la lumière des aftres & le principe de la
chaleur qu'ils le faifoient réfider.

Quelque libre au refte qu'il fût dans l'atmofphère, ils fe vantoient de poſſéder
des moyens de faifir cet agent univerfel,
& par fon influence fur la portion de
lui-même qui anime les différens êtres,
de pouvoir modifier leur exiftence &
leurs propriétés. Ils croyoient pouvoir
agir de cette manière fans aucun con-

tact immédiat, mais à de certaines diftances ; & par ce moyen, ils prétendoient
pouvoir exciter, mettre en jeu le principe
vital des êtres animés, augmenter son
action, exciter des crises, & calmer
les troubles qu'il peut occasionner dans
les organes. En fortifiant ainsi l'esprit
vital dans chaque individu, ils se flattoient de pouvoir conserver la santé, prolonger la vie, & préserver même des
maladies ; enfin, & par une conséquence
naturelle de cette doctrine, ils pensoient
être parvenus au point de simplifier l'art
de guérir, en réduisant toutes les maladies, & tous les remèdes à un seul
principe, en indiquant enfin la Médecine universelle, c'est-à-dire, le moyen
de mettre en jeu la nature, qui, seule,
& sans secours, dissipe si souvent un
grand nombre de maladies.

Les partisans de cette doctrine donnèrent à ce principe le nom de *magnétique*,
à raison de la ressemblance qu'ils apperce-

voient entre lui & l'aimant. Il leur paroiſſoit émaner des aſtres comme celui de
l'aimant, qu'ils croyoient dépendant de
l'influence de l'ourſe ou de l'étoile polaire.
Il étoit comme lui univerſellement répandu ; il agiſſoit dans l'éloignement ,
à plus ou moins de diſtance, ſans le ſecours d'aucun contact immédiat, & ſon
action ſe propageoit alors par une véritable irradiation en tous ſens & dans
toutes ſortes de directions. C'étoit
ſur-tout par ſa faculté d'agir *in diſtans*
qu'ils le croyoient le même que le principe de l'aimant ; la contemplation de
la nature, comme nous le dirons ailleurs, & pluſieurs phénomènes particuliers très-frappans, ſur-tout en Médecine, leur ayant appris qu'il exiſtoit une
telle force dans l'univers, & l'aimant
étant, ſinon le ſeul corps qu'ils con-
nuſſent, au moins le plus apparent &
le plus merveilleux qui leur parût ſoumis à ſon action.

Ils croyoient même reconnoître plus particuliérement dans l'économie animale des phénomènes dépendans de l'action de ce principe univerfel, & évidemment analogues au magnétifme. Paracelfe (1) avoit admis & découvert dans l'homme un axe polaire. Les Alchymiftes de fa fecte & de fon tems, confidérant l'homme *microcofme*, c'eft-à-dire, comme un abrégé de l'univers, défignoient deux pôles dans le corps humain, la bouche fervant de pôle arctique, & le ventre de pôle antarctique (2). Kircher (3)

---

(1) Theophr. Paracelf. opera medico chy. mica. Paragrani. Tract. 2.

(2) Voyez le Diadême des Sages, 1781, in-12, page 37.

(3) Non defunt denique qui vel adeò hominem ipfum magneticâ qualitate vigere putant, ut fi homo naviculæ impofitus in aquis arte hydroftaticâ exactè libretur, futurum exiftimant ut facie ad polum Boreum femper tergore verò ad oppofitum polum fe difponat naturaliter.

rapporte enfin que quelques auteurs avoient penſé que l'homme étoit doué d'une véritable force magnétique ; & & qu'en le plaçant dans un parfait équilibre ſur une barque légère au milieu des eaux, il tendroit naturellement à ſe diriger la face au pôle ou vers le nord.

Pour juger de la conformité du magnétiſme moderne avec le magnétiſme ancien, il ſuffit déjà de ce premier expoſé que j'ai cru devoir faire précéder, pour donner au moins une idée générale de ce qu'étoit cette doctrine au dixſeptième ſiècle, & pour faire mieux entendre ce qui doit ſuivre. On voit facilement que ce ſont dans l'un & l'autre ſyſtème les mêmes vues, les mêmes principes généraux, les mêmes prétentions à la Médecine purement externe & univerſelle. En ſuivant plus particulièrement M. Meſ-

---

Sed has tanquàm aniles fabulas relinquamus. de Magnete, lib. 1. part. 1, cap. 4, pag. 12.

mer dans l'exposé de sa doctrine, on verra jusqu'à quel point cette première apparence de conformité se confirme dans les détails. Nous allons ici nous en occuper.

« Il existe, dit M. Mesmer (1), une » influence mutuelle entre les corps cé-» lestes, la terre & les corps animés. » *Proposition première.* ».

Maxwel (2) en admettoit une également; il disoit que les astres, au moyen de la chaleur & de la lumière, communiquoient le principe vital, aux corps disposés à le recevoir. Il comparoit le soleil

____

(1) Voyez les propositions énoncées par M. Mesmer dans son *Mémoire sur la découverte du magnétisme animal.* Genève 1779, in-12, pag. 74.

(2) Stellæ vitalem spiritum corpori disposito ligant per lucem & calorem; eidemque iisdem mediis infundunt. Aphorism. 17. — Cor cœli sol est qui tàm stellis, quàm terræ cuncta per lucem distribuit. Aph. 39...Voyez aussi *Santanelli*, Aph. 17, 39.

au cœur qui, dans l'économie animale, diftribue la vie à tous les autres organes. C'étoit cet aftre, fuivant lui, qui, par la lumière, communiquoit aux étoiles comme à la terre toutes leurs vertus. Nous verrons bientôt qu'ils reconnoiffoient dans cette influence un caractère de réciprocité entre la terre & les corps céleftes.

Le principe, ou comme dit **M.** Mefmer « le moyen de cette influence » eft un fluide univerfellement répandu » & continué de maniere à ne fouffrir » aucun vuide ; dont la fubtilité ne permet aucune comparaifon, & qui de fa » nature eft fufceptible de recevoir, pro- » pager & communiquer toutes les impreffions du mouvement». *Propof.* 2.

Tels étoient auffi les caracteres de l'agent admis dans l'ancien fyftême. Répandu dans l'efpace, on l'appelloit *l'efprit univerfel, fpiritus mundi univerfalis* (1). Cet agent étoit *d'une té-*

____

(1) Anima mundi magneticæ illius facultatis

nuité, *d'une subtilité*, *d'une agilité* qui le faisoit placer par ses partisans dans la classe des *esprits*, comme participant de la *nature ethérée*. *Semblable à la lumiere*, Maxwel (1) le regardoit comme

---

vector, &c..... Spiritus mundi universalis omnia perlustrans... omnium corporum claustra referans..... *Daniel Beckerus*, de ung. Armar. Theatr. Sympath. pag. 522, 525.

(1) Tam tenuis, tam agilis, spiritualis, lucida, ætherea res... cap. 10, conclus. 5. — Spiritus vitalis in se consideratus partes heterogeneas non habet, sed totus ubique lucis instar sibi simillimus. c. 11, concl. 10. *Maxw.* Adest in mundo quid commune omnibus mixtis, in quo ipsa permanent. — Quod cum communi vocabulo animam mundi dicimus; estque quid subtilissimum fluidum, vulgò spiritosum dirigens operationes omnes quæ fluunt in hoc mundo. — Particulæ hujus communis omnibus sunt corporeæ materiales, licet exilissimæ, & tantùm in intellectu sensibiles, undè est quod meruerunt communiter spiritus nuncupari — Particulæ hujus spiritosi præ earum exilitate & minimitate quolibet alio corpore mixto,

parfaitement homogène dans toute sa subſtance.

« De cette action réciproque ſou-
» miſe, ajoute M. Meſmer, à des loix
» méchaniques inconnues juſqu'à pré-
» ſent, réſultent des effets alternatifs
» qui peuvent être conſidérés comme
» un flux & un reflux, plus ou moins
» général, plus ou moins compoſé,
» ſelon la nature des cauſes qui le dé-
» terminent ; & c'eſt par cette opé-
» ration (la plus univerſelle de celles
» que la nature nous offre) que les re-
» lations d'activité s'exercent entre les
» corps céleſtes, la terre & ſes par-
» ties conſtitutives ». *Propoſ.* 3,4,5 & 6.

Les partiſans de l'ancien magnétiſme reconnoiſſoient auſſi dans leur
agent un mouvement de flux & de
reflux entre nous la terre & les ré-

____

proximiores ſunt animæ intellectuali quæ eſt
verus ſpiritus immaterialis, &c... *Santanelli*
Philoſph. recond. cap. 7, pag. 30, 31.

gions céleſtes. *Cet eſprit*, dit Maxwel,(1) en parlant de l'eſprit univerſel, *deſcend du ciel & reflue vers lui perpetuelle- ment.* C'étoit *des régions éthérées* qu'il émanoit, ſuivant Santanelli (2), & il lui reconnoiſſoit auſſi un *mouvement al- ternatif de flux & de reflux entr'elles & nous.* Nous verrons plus bas que la même idée a été adoptée par des au- teurs modernes.

« Les propriétés de la matiere & du » corps organiſé, ajoute M. Meſmer, » dépendent de cette opération. *Pro-* » *poſ.* 7 ».

Comparons Maxwel & voyons. *C'eſt l'eſprit univerſel*, dit-il, *qui maintient & conſerve toutes choſes dans l'état où*

---

(1) A cœlo ſpiritus hic perpetuò fluit & ad idem refluit; inque fluxu illibatus invenitur. Aph. 38.

(2) Ab æthere ſpiritus hic perpetuò fluit & ad idem refluit, &c. Santanelli. Aph. 38, cap. 26.

elles font (1). ——— *Tout ce qui eft corps ou matiere ne poſſede aucune activité, s'il n'eſt animé par cet eſprit, & qu'il ne lui ferve en quelque forte de forme & d'inſtrument* (2). — *Car,* ajoute-t-il, *les corps ſervent, pour ainſi dire, de baſe à l'eſprit vital, ils le reçoivent, & c'eſt par lui qu'ils agiſſent & qu'ils operent* (3). — Enfin , il dit que *l'eſprit univerſel qui deſcend du ciel, inaltérable & pur comme la lumiere, eſt la ſource de l'eſprit vital particulier qui exiſte en toutes choſes; que c'eſt lui qui le forme, l'entre-*

(1) Spiritu univerſi res in tali diſpoſitione continente. Aph. 5.

(2) Nihil corporeum quidquàm energiæ in ſe habet, niſi quatenùs inſtrumentum dicti ſpiritûs, fivè quatenùs ab eo informatur : quod merè corporeum, merè paſſivum. Aph. 6.

(3) Spiritûs vitalis ſubjectum eſt corpus; in eo recipitur, & per illud operatur, &c. Aph. 13.

*tient , le régénére & le multiplie , &
qui leur donne la faculté & le pouvoir de se propager.* (1)

« Le corps animal , suivant M. Mef-
» mer , éprouve les effets alternatifs
» de cet agent , & c'est en s'insinuant
» dans les nerfs qu'il les affecte immé-
» diatement ». *Propos.* 8.

Ce n'est donc pas seulement un mouvement de flux & de reflux dans l'espace
que M. Mesmer attribue à son fluide. Il
pense que ce mouvement se communique
même à l'intérieur des corps. « D'après
» les principes connus de l'attraction uni-
» verselle, dit-il autre part (2), constatée

------

(1) Spiritus vitalis universalis, de cœlo des-
cendens, purus, clarus & illibatus est spiritús
vitalis particularis in rebus singulis existentis
pater ; illum nempè procreat & multiplicat, a
quo potestatem se propagandi mutuantur. Aph.
27.

(2) Mémoire sur la découverte du magnétisme animal , pag. 6. Voyez aussi la disserta-

» par les obſervations qui nous appre-
» nnent que les planetes s'affectent mu-
» tuellement dans leurs orbites, & que la
» lune & le ſoleil cauſent & dirigent ſur
» notre globe le flux & le reflux dans
» la mer ainſi que dans l'atmoſphere ;
» j'avançois, dit M. Meſmer, que ces
» ſpheres exercent auſſi une action di-
» recte ſur toutes les parties conſtitu-
» tives des corps animés, particuliere-
» ment ſur le ſyſtême nerveux, moyen-
» nant un fluide qui pénétre tout....
» je ſoutenois que de même que les
» effets alternatifs à l'égard de la gra-
» vité produiſent dans les mers le
» phénomene ſenſible que nous ap-
» pellons flux & reflux, l'intenſion &
» la rémiſſion (du magnétiſme animal)
» occaſionnent dans les corps animés
» des effets alternatifs analogues à ceux

----

tion de M. Meſmer de *l'influence des aſtres
ſur le corps humain*, publiée à Vienne en 1766.

» qu'éprouve la mer. Par ces considé-
» rations j'établissois que le corps ani-
» mal étant soumis à la même action,
» éprouvoit aussi une sorte de flux &
» de reflux ». M. Mesmer croyoit
pouvoir imiter ou modifier par ses
procédés ce mouvement intérieur, &
c'étoit pour y parvenir qu'il se propo-
soit d'exciter ou de produire dans l'é-
conomie animale, ce qu'il appelloit
une espece de *marée artificielle* (1).
Les partisans de l'ancien système reconnoissoient aussi ce mouvement de
flux & de reflux alternatif dans les
corps. Santanelli qui a donné une plus

______

(1) En parlant de la première malade sur
laquelle il fit l'essai de sa méthode, M. Mesmer dit : « Je projettai à la fin d'établir dans
» son corps une espèce de marée artificielle,
&c.

Voyez la lettre de M. Mesmer à M. Unzer, sur l'usage médicinal de l'aimant, traduite
du Mercure savant d'Altona.

grande extenfion aux aphorifmes de Maxwel, dit en parlant du fluide univerfel que *cette matiere fi fubtile s'échappe fucceffivement & continuellement des corps , & s'y trouve régénérée par une forte de flux & de reflux* (1). On trouve la même opinion adoptée depuis par plufieurs auteurs , & appliquée à l'économie animale. *Mead* (2) établiffoit un flux & un reflux dans l'air comme dans les eaux de la mer, & ce mouvement qu'il croyoit occafionné par l'action du foleil & de la lune fur l'élément fubtil qui nous environne , lui paroiffoit

---

(2) Ab omni mixto fucceffivè & continuò hæc fpiritofa fubftantia fub formâ effluvii , fivè radiorum difflantium fluit, & alia nova ad eadem mixta percuffione affluit, undè novæ deindè generationes & deftructiones & fieri & hoc affluxu & refluxu neceffie eft.

(1) De imperio folis & lunæ in corpor humana, & morbis indè oriendis. Londin.

avoir une fi grande influence, qu'il en déduifoit tous les maux que la diminution du poids de l'air peut occafionner aux hommes. *Whytt*, en parlant des maladies des nerfs, dit qu'elles ont été rapportées à une faculté inconnue, à des mouvemens de flux & de reflux qu'on fuppofoit fans les démontrer. *Stahl* enfin (1), a traité dans une de fes differtations, fur le mouvement tonique & convulfif du phénomene qu'il appelloit la *marée* dans l'économie animale.

« Il fe manifefte particulierement » dans le corps humain, ajoute M. » Mefmer, des propriétés analogues à » celles de l'aimant. On y diftingue

______

(2) Maladies des Nerfs, tom. 1, préf. pag. 6, & tom. 2, pag. 418.

(1) *Georg. Erneft. Stahl* Theoria medica vera. Halæ. 1708, in-4°. Differtationes de motu tonico, de motibus convulfivis, *de æftu maris microcofmici.* &c.

» des poles également divers & op-
» posés, qui peuvent être communi-
» qués, changés, détruits & renfor-
» cés. Le phénomene même de l'in-
» clinaison y est observé ». *Propof.* 9.

Nous avons vu plus haut que Paracelfe, le pere de l'ancien magnétifme,
& fes fectateurs, avoient annoncé la
même chofe. Ils admettoient également
des poles dans le corps humain. Ils
faifoient plus, ils les défignoient : ils
y admettoient une axe polaire : ils y
reconnoiffoient enfin la force directive,
ou, fi l'on peut s'exprimer ainfi, le
phénomene même de la direction.

» Cette propriété du corps animal
» qui le rend fufceptible de l'influence
» des corps céleftes, & de l'action ré-
» ciproque de ceux qui l'environnent,
» manifeftée par fon analogie avec l'ai-
» mant, m'a déterminé, ajoute M.
» Mefmer à la nommer magnétifme
» animal ». *Propof.* 10.

C'eft

C'eſt la même raiſon d'analogie, comme nous l'avons dit plus haut, qui avoit engagé les anciens à donner à leur agent le nom de *Magnétiſme*. Son action leur paroiſſoit analogue & ſemblable à celle de l'aimant. Le principe de cette action, ſuivant eux, émanoit des aſtres comme celui de l'aimant, qu'ils croyoient dépendre de l'Ourſe ou de l'étoile Polaire. En ſecond lieu, ils prétendoient à la faveur de ce principe d'action, opérer ſur le corps humain dans l'éloignement à plus ou moins de diſtance, & ſans aucun beſoin au moins de contact immédiat. C'étoit donc un véritable magnétiſme que cette action, & ſuivant qu'ils la conſidéroient comme inhérente au corps humain, ou qu'ils l'employoient au traitement des maladies, ils lui donnoient le nom de *magnétiſme animal*, ou *médicinal*, mais plus ſouvent le nom ſeul & générique de *magnétiſme*.

B

On doit remarquer d'ailleurs que fous cette dénomination ils comprenoient non-feulement l'influence réciproque qu'ils admettoient entre les corps céleftes & les corps animés, mais encore une autre influence également mutuelle qu'ils reconnoiffoient entre ces derniers. Santanelli s'explique formellement fur ce point. *Tous les êtres*, dit-il, *que renferme le monde, participant de l'efprit univerfel, ils font capables par-là d'entretenir entr'eux une certaine relation ou correfpondance, & de s'aider ainfi dans plufieurs opérations.* (1)

« L'action & la vertu du magnétifme
» animal ainfi caractérifées, peuvent être,
» ajoute M. Mefmer, communiquées
» à d'autres corps animés & inanimés ;

(1) Quia omnia quæ in mundo funt, participant de fpiritu univerfali, faltem per hoc apta funt aliquam correfpondentiam inter fe habere adeòque in aliquibus operationibus convenire. Cap. 6, axiom. 1.

» les uns & les autres en font cepen-
» dant plus ou moins fufceptibles ——
» Cette action & cette vertu peuvent
» être renforcées & propagées par ces
» mêmes corps ». *Prypof.* 11 & 12.

Les anciens annonçoient auffi qu'ils avoient des moyens de faifir & de communiquer leur agent univerfel, de le renforcer ou de le fortifier dans les individus en employant des moyens appropriés. *Si vous favez employer,* difoit Maxwel, *des corps impregnés de l'efprit univerfel, vous en tirerez un grand fecours. C'eft en cela que confiftoit tout le fecret de la magie. Cet efprit,* ajoutoit-il, *fe trouve dans la nature, il exifte même par-tout, libre de toute entrave, & celui qui fait l'unir avec un corps qui lui convient, poffède un tréfor préférable à toutes les richeffes. On peut,* ajoute-t-il encore, *par des procédés merveilleux le communiquer à tous les corps suivant leur difposition , & aug-menter ainfi la vertu de toutes chofes.* (1)

« On obferve à l'expérience, dit M.
» Mefmer, l'écoulement d'une matiere
» dont la fubtilité pénétre tous les
» corps , fans perdre notablement fon
» activité. —— Son action a lieu à
» une diftance éloignée fans le fecours
» d'aucun corps intermédiaire. *Propof.*
» 13 & 14 ».

Nous avons vu plus haut que les an-

---

(1) Spiritum univerfalem , fi inftrumentis hoc fpiritu imprægnatis ufus fueris, in auxilium vocabis ; magnum magorum fecretum. Maxwel , Aph. 68.

Spiritus hic alicubi vel potius ubique quafi liber a corpore invenitur, & qui illum cum corpore congruenti jungere novit thefaurum omnibus divitiis anteponendum poffidet. Aph. 9.

Cuicumque fecundùm fubjecti difpofitionem a perito artifice miris modis conjungi poteft (rerumque virtutes augere). Aph. 38.

ciens reconnoiſſoient également dans leur agent univerſel une ſubtilité in‑finie. Quant à la faculté de pénetrer à travers tous les corps, ſans éprouver notablement de diminution ou d'affoi‑bliſſement dans ſon activité, nous fe‑rons voir bientôt que les anciens l'ont auſſi reconnue dans leur principe. Ils ad‑mettoient que ſon action ou ſon influence s'étendoit à travers les entrailles de la terre, & juſques dans les profon‑deurs des mers. Sa propriété d'agir à une diſtance éloignée, ſans le ſecours d'aucun corps intermédiaire, eſt ex‑preſſement indiquée par Maxwel. *Ce‑lui*, dit-il, *qui ſait agir ſur l'eſprit vital particulier à chaque individu, peut guérir à quelque diſtance que ce ſoit, en appellant à ſon ſecours l'eſprit univerſel.* (1)

____

(1) Qui ſpiritum vitalem particularem affi‑cere novit, corpus cujus ſpiritus eſt curare po‑

Cette action du magnétisme, suivant M. Mesmer « est augmentée & réflé- » chie par les glaces, comme la lu- » miere ». *Propof.* 15.

Nous avons déjà vu que les anciens faifoient réfider l'agent ou le principe du magnétisme dans la lumiere. *Celui*, difoit Maxwel, *qui regarde la lumiere comme étant l'efprit univerfel, ne s'éloigne pas beaucoup de la verité ; c'eft en effet ou la lumiere elle-même, ou c'eft en elle au moins qu'il réfide* (1). Mais le principe du magnétisme exif-

---

teft ad quamcumque diftantiam imploratâ fpiritûs univerfalis ope. Aph. 69.

(1) Qui lucem univerfi fpiritum dixerit à veritate forfan non multùm aberrabit. Vel enim lux eft, vel in luce domicilium poffidet. Ex primo enim lucido, diftillatione fæpiùs repetitâ, circulatione variâ a perito mago miris modis extrahitur. Aph. 78. *Santanelli,* Aph. 78.

tant ainſi, ſuivant l'ancienne opinion, dans la lumiere, on voit qu'il devoit ſuivre les mêmes loix auxquelles elle eſt ſoumiſe, & jouir ainſi de la faculté de ſe réfléchir. Si l'on ajoute que dans l'emploi du magnétiſme, c'eſt du principe qui émane du corps même de la perſonne qui magnétiſe, de ſon regard réfléchi & dirigé par une glace ſur les malades que cette propriété doit s'entendre, on verra mieux encore que les anciens avoient la même opinion. *Pierre Borel* dans ſa diſſertation *ſur les cures ſympathiques* pour faire entendre comment ces cures pouvoient s'opérer à de grandes diſtances, s'exprimoit ainſi : *Les émanations des corps,* diſoit - il, *s'étendent à des diſtances très - grandes en tous ſens par la réflexion des rayons de la lumière & l'action du vent... Ce principe,* ajoutoit - il, *comme le rayon du ſoleil qui paſſe à travers une fenêtre, se fraye dans l'air une route particulière, par laquelle la vertu des médicamens sympathiques se communique.* (1) Libavius, en parlant des différens magnétismes appliqués à la Médecine, & de la manière d'en diriger l'action sur l'économie animale, s'exprime encore plus positivement. *Les Magiciens,* dit-il, *employoient pour cela différens moyens qui leur avoient été indiqués par la nature. En réfléchissant l'esprit principe du magnetisme, comme on réfléchit la lumière par une glace, on peut en diriger l'action sur un individu ; on rapporte,* ajou-

---

(1) Quo pacto autem hæc fieri possint breviter dicam. Transpirationes corporum omnium ad sphæram maximam devehuntur per luminis radiorum reflexionem & per ventum. . . . . . . Per aera fit via quædam (tanquàm radius solis per fenestram) per quam communicantur sympatheticè remedia morbis admota, &c. *Petr. Borellus,* de curationibus sympatheticis.

toit-il, *que c'eſt ainſi que le baſilic ſe tue lui-même, & que les femmes impreg-gnées de poiſon, en ſe regardant trop ſouvent dans une glace, le renvoyent ſur elles-mêmes, & le réfléchiſſent ſur leurs yeux & leur viſage* (1). Santanelli, en parlant de la magie & des différens moyens qu'elle employoit po_r agir ſur les corps, met de ce nombre les miroirs *ſpecula* (2). Les anciens recon-noiſſoient donc une tranſmiſſion du ma-gnétiſme par la réflexion propre aux rayons de la lumière. Il ſemble que du tems du *Père Cabée* cette opinion étoit

---

(1) Magi exemplis naturæ ducti mediis quoque uſi ſunt. Sicut enim per ſpeculum lumine ſpirituque refracto poteſt directio fieri in certum ſubjectum; & quidem memorant, Baſiliſcum ſeipſum ſic interimere, & venenoſas mulieres, ſœpiùs ſe contemplando virus ver-tere in vultus oculoſque ſuos. *Syntagma. Arcanor. Chymic. lib. 1, cap. 19.*

(2) Philoſoph. recondit. cap. 1, pag. 4.

encore admife. *Son action*, difoit-il, *pénètre les corps les plus durs, & ne fe réfléchit pas* (1). Enfin c'étoit fur ce principe qu'étoit fondé l'art fi ancien des fafcinations.

Ce que nous difons ici de la lumière pour propager l'action du magnétifme, doit s'entendre auffi du fon. « Elle eft, » pourfuit M. Mefmer, communi-» quée, propagée & augmentée par le » fon. *Propof. 16.*

Les partifans de l'ancienne opinion regardoient auffi la mufique comme un moyen de propager le magnétifme : ils reconnoiffoient dans la mufique une grande force magnétique. On trouve fur-tout cette opinion bien expofée dans le père Kircher (2). Suivant

----

(1) Penetrat ejus virtus etiam duriffima corpora, nec reflectitur. *Philofophia magnetica.* in-fol. 1629.

(2) Magnetica vis muficæ omnia movens

cet homme célèbre, ce n'étoit point
fur l'ame immédiatement qu'agiſſoit
la muſique , parce qu'étant immor-
telle & immatérielle , elle ne pouvoit
avoir aucun rapport avec la voix ou le
fon ; mais c'étoit par l'intermède de cet
agent, auquel on donnoit le nom d'efprit, d'efprit vital , que ſa puiſſance
s'exerçoit fur les ames (1). On peut
voir d'ailleurs ce qu'il dit du magnétiſme de la muſique, pour la guérifon de la Tarantule. Enfin , *Jean-
Baptiſte Porta* cite un grand nombre
d'exemples de fympathie ou d'antipathie exercée par la puiſſance de la muſique. On doit obferver ici que ces deux

---

Lib. 3. Mundi magnetici. part. 8. *Magnetiſ-
mus muſicæ*, Μουσικομαγνητισμὸς.

(1) Spiritus enim hujuſmodi cum fubtiliſſi-
mus quidam fanguinis vapor fit admodùm mo-
bilis ac tenuis facilè ab aere harmonicè con-
citato incitatur. Ibid. pag. 575.

facultés se confondoient avec le magnétisme ; leur action, suivant les auteurs, ayant lieu par l'intermède de l'agent général du magnétisme ou de l'esprit universel.

« Cette vertu magnétique, si l'on en » croit M. Mesmer, peut être accumu- » lée, concentrée & transportée ». *Pro-* » *pos. 17.* »

Nous avons vu plus haut aussi que les anciens auteurs parloient de moyens ou d'instrumens qu'ils pouvoient employer, & qui étoient, disoient-ils, imprégnés de l'esprit ou du principe universel du magnétisme. *Spiritum universalem.* Voyez la note de la page 28. Ils annonçoient aussi qu'on pouvoit le communiquer, le fixer dans certains corps. *Spiritus hic alicubi.* Voy. la même note. L'esprit universel de l'ancien magnétisme ressembloit donc encore sous ces nouveaux rapports au fluide universel du magnétifme moderne. Ils pouvoient de même l'accumuler, le concentrer, le tranfporter.

« J'ai dit, continue M. Mefmer, que
» les corps animés n'en étoient pas éga-
» lement fufceptibles. Il en eft même,
» quoique très-rares, qui ont une pro-
» priété fi oppofée que leur feule pré-
» fence détruit tous les effets de ce
» magnétifme dans les autres corps..
» ..... Cette vertu oppofée pénètre
» auffi tous les corps ; elle peut être éga-
» lement communiquée, propagée,
» accumulée, concentrée & tranfportée,
» réfléchie par les glaces, & propagée
» par le fon ; ce qui conftitue non-feu-
» lement une privation, mais une vertu
» pofitive oppofée ». *Propof.* 18, 19.

Ce que M. Mefmer dit ici des proprié-tés de cette vertu oppofée, qu'on pourroit appeller un magnétifme négatif, paroît avoir été apperçu également dans le fyf-tême ancien. C'eft ce que les auteurs de ce tems entendoient par *l'antipathie*, laquelle détruifoit effectivement tout effet de la *fympathie*, & qui, conftituoit comme elle une véritable vertu oppofée & pofitive, loin d'être une fimple né-gation. On ne peut douter d'ailleurs que les anciens n'aient admis & reconnu une véritable efpèce d'aimant qui avoit la propriété de détruire la vertu de l'aimant ordinaire, & qu'ils appelloient pour cette raifon *magnes lethalis*. Ils penfoient auffi que les deux proprié-tés oppofées en apparence de s'attirer & de fe repouffer, qu'on remarque dans les corps magnétiques, loin de pouvoir appartenir à la fubftance, conftituoient au contraire deux efpèces d'aimans très-diftinctes, dont l'une, celle qu'on croyoit douée de la faculté de repouf-fer, étoit appellée *le Theamedes* (1).

---

(1) Lapis Theamedes ferrum omne abigens & refpuens. *Encelius*, de re Metallicâ. libri tres, 1557, pag. 175.

C'étoit à l'exemple de cette subſtance, & ſur l'obſervation du phénomène qu'elle préſentoit, qu'ils penſoient qu'on devoit rapporter dans le magnétiſme l'exemple de la force d'antipathie (1).

« L'aimant, ſoit naturel, ſoit arti-
» ficiel, dit M. Meſmer, eſt ainſi que
» les autres corps, ſuſceptible du ma-
» gnétiſme animal, & même de la vertu
» oppoſée, ſans que, ni dans l'un, ni
» dans l'autre cas, ſon action ſur le fer
» & l'aiguille ſouffre aucune altération,
» ce qui prouve que le principe du ma-
» gnétiſme animal diffère eſſentielle-
» ment du minéral ». *Propoſ.* 20.

Pour les partiſans de l'ancien ſyſtême le principe du magnétiſme animal étoit également diſtinct de celui de l'aimant. Je ne ſais s'ils en apportoient la même

______

(1) Natura conſiſtit in ſympathiſmo ſeu magnetiſmo, & antipathiſmo ſeu theamediſmo. *Th. Sympath.* pag. 601. *Wechtlerus,* de ung. armarii difficultatibus.

preuve que donne ici M. Mesmer, mais au moins ils reconnoissoient cette vérité. Ce n'étoit que par l'analogie des effets qu'ils donnoient le nom de magnétisme à leur principe. L'aimant leur étoit d'ailleurs trop bien connu pour qu'ils ne saisissent pas toutes les différences spécifiques qui lui appartiennent. On auroit pu croire, & l'on paroît en effet l'avoir pensé, qu'ils avoient appellé l'onguent pour les cures sympathiques des blessures, du nom de *magnétique*, parce qu'on y faisoit entrer de l'aimant. Mais il n'en étoit rien (1). Une preuve plus claire encore,

---

(1) Voyez Johan. Roberti Goclenius Heautontimorumenos. sect. 18. *Magnes*, *magnetica actio & curatio.....* Sunt qui. . . . . Ideò magneticam curationem putent dici quod magnetis aliquid unguento misceatur. Error ex voce nascitur. Sciant igitur isti ideò *curationem* dici *magneticam*, quod quemadmodùm magnes in distans agere, &c. Itaque tota ratio nuncupationis in similitudine est. *Th. Symp.* p. 416.

c'eſt qu'ils n'auroient certainement pas négligé d'y faire entrer cette ſubſtance, dont on faiſoit alors un grand uſage, s'ils euſſent penſé que c'eût été par la vertu de ſon principe qu'il eût agi. Il ſuffit d'ailleurs de lire le père Kircher pour s'aſſurer que ce n'étoit que par la ſimilitude des propriétés & des effets qu'ils donnoient à leur méthode le nom de *magnétiſme*; & nous en avons donné plus haut les raiſons.

Les deux propoſitions qui ſuivent, prop. 21, 22, annoncent l'influence que doit avoir la théorie de M. Meſmer ſur un grand nombre des plus importans phénomenes de la phyſique, « ſur la nature du feu & de la lu- » miere, ainſi que dans la théorie de » l'attraction, du flux & du reflux, de l'ai- » mant & de l'électricité &c. » Nous renvoyons à la ſuite de ce Mémoire, où cet article exigera quelques détails étendus, l'examen de ces propofitions étrangeres à l'objet médical qui nous occupe ici plus particulierement.

M. Mefmer pourfuit enfuite, « On
» reconnoîtra par les faits, d'après
» les regles pratiques que j'établirai
» que ce principe peut guérir im—
» médiatement les maladies des nerfs,
» & médiatement les autres. *Prop.23*».

Telles étoient les prétentions des partifans de l'ancien magnétifme. Ils reconnoiffoient pour premiere caufe des maladies, l'affection, & les diverfes altérations du principe de la vie, ou de l'efprit vital, par lequel on ne peut douter qu'il n'entendiffent le fyftème des nerfs, & tout ce qui concerne fes phénomenes ou fes dérangemens. Toutes les maladies dépendoient fuivant eux de cette caufe premiere, & dès-lors en fortifiant & rétabliffant l'efprit vital, ou le vrai principe qui anime les nerfs, ils ne doutoient pas qu'on ne pût parvenir à la guérison de toutes les especes de maladies. Consultons Maxwel, *Les maladies*, dit-il, *n'appartiennent point essentiellement au corps ; mais il n'en est aucunes qui ne dépendent de l'affoiblissement ou de l'expulsion de l'esprit vital. Il n'est point aussi d'indisposition qui puisse subsister long-tems lorsque cet esprit est dans toute sa vigueur. C'est lui seul qui dissipe tous les maux. C'est lui qui constitue la nature dont les médecins ne sont ou ne doivent être que les aides* (1)...... Il ajoute en-

____

(1) Quia morbus terminativè non est corporis. Nullus enim morbus in corpore quocumque introducitur, qui hujus debilitate vel expulsione non perficitur, nec ulla intemperies corporis diù manere potest spiritu hoc vigente, per quem solum omnia corporis mala corriguntur. Hic est natura cujus auxiliatores sunt medici, aut saltem esse debent. His consideratis medicinam universalem dari posse

suite, *on doit donc se proposer dans tous les maux, de fortifier, multiplier & régénérer cet esprit vital. C'est ainsi qu'on parviendra facilement à guérir toutes les maladies* (1).

M. Mesmer ajoute, *propos.* 24, aux propriétés de son principe, « qu'avec » son secours, le médecin est éclairé » sur l'usage des médicamens ; qu'il » perfectionne leur action, & qu'il » provoque & dirige les crises salu- » taires de maniere à s'en rendre le » maître ».

Les partisans de l'ancien magné- tisme annonçoient aussi le même pou- voir dans leur doctrine. Ils pensoient,

---

corollarium fit. *Maxwel*, caput 9 , con- cl. 8.

(1) In omnibus ideòque malis rectificandus, confortandus, multiplicandus est dictus spiri- tus ; sic omnes morbi facilè curabuntur quòd maximè medicis proponimus... *Maxw.* c. 7. concl. 6.

comme nous avons dit plus haut, que par ce moyen ils pouvoient exciter, mettre en jeu le principe vital des êtres animés, augmenter fon action, exciter des crifes & calmer les troubles qu'il peut occafionner dans les individus. *C'eft un des grands fecrets des philofophes,* dit Maxwel, *de favoir employer l'efprit univerfel pour porter à une fermentation naturelle l'efprit vital particulier à chaque chofe, & de pouvoir également par des opérations répétées calmer les troubles & le tumulte qui peuvent en réfulter* (1)... *Si vous voulez,* dit-il encore, *opérer de grands effets, ajoutez au corps une plus grande quantité de*

---

(1) Qui adhibito fpiritu univerfali fpiritum particularem cujuscumque rei ad fermentationem naturalem excitare poteft, & demùm tumultus naturales fedare repetità operatione, res in virtute ad miraculum augere poteft, fummum philofophorum fecretum. *Maxwel,* Aph. 52.

cet esprit, ou s'il est engourdi, sachez le ranimer (1)... *Celui*, dit-il enfin, *qui pourra employer cet esprit imprégné de la vertu d'un corps & le communiquer à un autre corps disposé à éprouver du changement, aura le pouvoir d'opérer des choses étonnantes & merveilleuses* (2). Quant aux médicamens sur l'usage desquels M. Mesmer annonce que sa doctrine doit éclairer les médecins, les partisans de l'ancien système avoient des vues pareilles ; car ainsi que M. Mesmer, ils admettoient, comme nous le verrons, que les secours de la médecine ordinaire pouvoient & devoient même, au moins en certains cas, être employés avec

---

(1) Si volueris magna operari, corpori de spiritu adde, vel spiritum sopitum excita. Aph. 7.

(2) Qui poterit spiritum impregnatum virtute unius corporis cum altero ad mutationem disposito jungere, poterit multa mirabilia & monstra producere.

leur agent univerfel ; mais ils croyoient devoir en faire un choix particulier. Nous aurons lieu de revenir fur cet article par la fuite.

« En communiquant ma méthode, »ajoute M. Mefmer, je démontrerai » par une théorie nouvelle des mala- » dies, l'utilité univerfelle du principe » que je leur oppofe ». *Propof.* 25 — Nous avons déjà dit, que telles étoient les prétentions des partifans de l'ancien magnétifme. Les paffages de Maxwel que nous avons rapportés relativement à la *Propof.* 23 de M. Mefmer (1) prouvent qu'en adoptant pour théorie nouvelle, la production des maladies par l'affoibliffement ou l'expulfion de l'efprit vital, c'eft-à-dire de cette portion de l'efprit univerfel inhérente & fixée dans les différens individus, ils recon-

____

(1) Voyez les notes des pages 43 & 44.

noiſſoient alors dans leurs procédés un moyen d'une utilité générale pour guérir, en un mot, une véritable médecine univerſelle. *Qu'il puiſſe y avoir*, dit Maxwel , *un remede univerſel , c'eſt ce dont on ne peut douter;car en le fortifiant, l'eſprit vital particulier devient capable de guérir toute ſorte de maladies. Il n'y en a aucune en effet que cet eſprit n'ait quelquefois diſſipée ſans le ſecours des médecins* (1).....*La médecine univerſelle n'eſt rien autre choſe que l'eſprit vital augmenté, multiplié dans un ſujet convenable.* (2)

---

(1) His conſideratis, *dit Maxwel*, medicinam univerſalem dari poſſe corollarium ſit. cap. 9 concl. 8. . . . . . Medicamentum univerſale dari poſſe jam conclamatum eſt, quia ſi ſpiritus particularis vires ſumpſerit morbos omnes per ſe curare potis eſt, ut experientiâ communi notum eſt. Nullus enim morbus qui aliquandò ſinè medicorum ope à ſpiritu vitali non ſit curatus. Aph. 93.

(2) Medicamentum univerſale nihil aliud eſt

« Avec cette connoiſſance, ſuivant
» M. Meſmer, le médecin jugera ſû-
» rement l'origine, la nature & les
» progrès des maladies, même des plus
» compliquées; il en empêchera l'ac-
» croiſſement, & parviendra à leur gué-
» riſon ſans jamais expoſer le malade
» à des effets dangereux ou des ſuites
» fâcheuſes, quels que ſoient l'âge, le
» tempéramment & le ſexe. Les femmes
» dans l'état de groſſeſſe, & lors des
» accouchemens, jouiront du même
» avantage «. *Propoſ.* 26.

Les anciens ſe promettoient la même
ſûreté de l'emploi de leurs procédés. *C'eſt
ici*, dit Maxwel, *qu'on peut ſentir toute
l'excellence de la médecine magnétique
dont les ſecours peuvent être accumu-
lés, multipliés, ſans qu'on ait à craindre d'occaſionner des ſuites fâcheuſes,*

---

quàm ſpiritus vitalis in ſubjectum debitum mul-
tiplicatus. Aph. 94.

C

*ou de troubler la nature, ce qui n'est
pas également possible dans la médecine ordinaire* (1).... *Dans cette der-
nière,* dit-il autre part, *on emploie des
remedes internes, & qui ne sont pas
toujours exempts de mauvaises qualités. Dans la médecine magnétique, au
contraire, on ne fait usage que de secours extérieurs, & qui sont toujours
pris dans la classe de ceux qui fortifient.* (2)

« Cette doctrine, ajoute M. Mes-
» mer, mettra le médecin en état de
» bien juger du dégré de santé de chaque

---

(1) Hic magneticarum curarum præstantiam
videre poteris, quarum cumulum sine molestiâ,
vel naturæ turbatione simùl adhibere licet,
imò convenit, quod in alterâ medicinâ mini-
mé fas est. Maxw. pag. 199.

(2) Hic enim externis, atque semper con-
fortantibus, illic verò, (in medicinâ vulgari)
internis & aliquando veneno non vacuis utuntur
artifices. Maxw. pag. 53.

» individu , & de le préserver des ma-
» ladies auxquelles il pourroit être ex-
» posé. L'art de guérir parviendra bien-
» tôt à sa derniere perfection ». *Propof. 27 & derniere.*

Les premiers auteurs se flattoient aussi
de pouvoir, en fortifiant l'esprit vital ,
conserver ainsi la santé, prolonger la vie,
& préserver même des maladies. *Celui*, dit
Maxwel, *qui pourra fortifier l'esprit vital
particulier au moyen de l'esprit universel, pourroit aussi prolonger la vie jusqu'à un âge très-avancé, si l'influence
des astres ne s'y opposoit* (1).....*Celui qui connoît*, ajoute-t-il, *l'esprit universel & qui fait en faire usage, peut
éloigner toute corruption, & conserver à
l'esprit vital son empire sur le corps* (2).

(1) Qui poterit spiritum particularem spiritu universali fortificare, vitam in ævum producere potis esset nisi stellæ reluctarentur.
Aph. 70.

(2) Qui spiritum universi ejusque usum no-

Par ces avantages les anciens croyoient
porter l'art de guérir au plus haut degré de perfection. *C'eſt aux médecins
à voir*, dit Maxwel, *combien cette
méthode peut contribuer à perfectionner
le traitement des maladies, car il n'y
en a aucune qui, avec ſon ſecours, ne
puiſſe être guérie facilement.* (1)

On voit par ce premier examen,
quelle conformité la doctrine de **M.**
Meſmer préſente avec l'ancien magnétiſme, & pour mieux en faire ſentir
la vérité, nous avons cru devoir com-
mencer par les vingt-ſept propoſitions ſur leſquelles elle eſt appuyée,
& qu'on peut appeller fondamentales.

---

vit, omnem corruptionem impedire poteſt,
& ſpiritui particulari dominium ſuper corpus
largiri. Aph. 92.

(1) Videant Medici quantùm hoc ad morbos curandos fecerit. Aph. 92. . . . . . Sic
omnes morbi facilè curabuntur, quod maximè
Medicis proponimus. &c. cap. 7, concl. 6.

En continuant l'examen , & defcendant dans quelques détails donnés par M. Mefmer ou fes partifans pour expliquer fon fyftême, nous verrons que la même conformité fe fait remarquer d'une maniere non moins fenfible.

Il eft vrai cependant que la maniere d'agir ou d'employer le prétendu magnétifme, eft différente dans chacune de ces doctrines. Les anciens, ainfi que nous venons de le voir, reconnoiffoient, comme M. Mefmer ; que le corps de l'homme étoit animé par cet agent, qu'ils appelloient le *fluide* ou *l'efprit univerfel*, & qu'on pouvoit agir fur les individus au moyen de ce principe. Mais pour les mettre ainfi en ufage, ils n'employoient pas, comme M. Mefmer le fait, l'attouchement, ou la feule approche. Leur méthode confiftoit dans un autre ordre de procédés. Pour donner à l'efprit univerfel la direction convenable, ils étoient obligés d'employer des parties mêmes, soit séparées, soit extraites ou évacuées du corps des individus sur lesquels ils se proposoient de diriger le magnétisme. Les différentes humeurs du corps humain, soit naturelles comme le sang, l'urine, les excrémens, & en général les produits des différentes excrétions, soit contre nature comme le pus fourni par les playes ; enfin les différentes parties solides, telles que la chair, les ongles, les cheveux séparés du corps vivant, étoient dans l'ancienne doctrine autant de moyens convenables & nécessaires pour exercer le magnétisme. Suivant eux ces différentes parties, tant qu'elles étoient conservées dans leur état d'intégrité, restoient unies par le lien d'une vie commune avec l'individu même qui les avoit fournies. C'étoit par l'intermede de l'esprit universel que cette union subsistante devoit s'opérer, & en agissant ainsi sur elles, on se croyoit affuré d'agir également fur l'individu auquel elles avoient appartenu, par une action qui s'exerçant dans l'éloignement, & fans aucun contact immédiat, étoit dès-lors régardée comme étant véritablement magnétique.

Mais fi l'on excepte cette feule différence on verra combien l'une & l'autre méthode ont enfemble de conformité. C'eft dans toutes deux la même théorie & le même méchanifme d'action qui a lieu. Les anciens croyoient qu'il s'exhaloit des corps, & des parties qui en étoient féparées, une certaine quantité d'efprits, ou plutôt une portion même de l'efprit vital dont les unes & les autres étoient pourvues, & qui les lioit enfemble par une correfpondance mutuelle. *C'eft*, difoit Maxwel (1), *une irradiation réciproque & perpétuelle d'efprits qui les unit &*

____

(1) Concluf. 6, cap. 7, lib. 1.

les lie, quoiqu'une grande distance les sépare. C'est une émission perpétuelle & réciproque de rayons, qui forme cette chaîne ou ce moyen d'union. Enfin, pour le dire en peu de mots, *c'est de cet enchaînement,* suivant le même auteur, *que dépendoit toute la médecine magnétique* (1).

Les partisans de la doctrine de M. Mesmer admettent également ces idées ou cette communication. (2)

---

(1) *Concatenatio* quædam est spirituum feù radiorum licet longè feparentur. Qualis fit hæc *concatenatio?* Est fluxus perpetuus radiorum à corpore prodeuntium & viciffim. Hoc unum hìc breviter dicendum putavi, nempè ex hâc *concatenatione* totam magneticam medicinam pendere.

(2) Voyez l'Effai fur la découverte du Magnétifme animal. Journal de Paris, n°. 47. 16 Février 1784, article *Communication.* « Lorfque M. Mefmer touche un malade pour » la première fois, il le touche au plus grand

Pour exercer le magnétifme fur un individu, M. Mefmer, fuivant eux, commence par le toucher. Cette condition paroît au moins néceffaire pour qu'il puiffe agir enfuite dans l'éloignement. Il a donc befoin de fe lier pour ainfi dire avec l'individu, pour donner au fluide dont il eft impregné la direction qui doit lui en faire éprouver les effets. Il établit donc entre le malade & lui une véritable communication, *concatenatio*. Il en eft de même des malades que M. Mefmer place en cercle autour de fon appareil ; non-feulement chaque perfonne communique en particulier avec cet appareil, mais

---

» point de réunion d'influences vitales. Alors
» a lieu la communication électrique. Cela
» fait, il fe retire, & étendant le doigt, il
» fe forme entre le fujet traité & lui une
» traînée de fluide par laquelle fe conferve
» la communication établie ».

C v

toutes enfemble communiquent & fe touchent entr'elles. C'eſt ce que l'on appelle former *la chaine*, & M. Meſmer regarde cette difpofition comme un moyen puiſſant de renforcement pour le magnétifme. Mais n'eſt-ce pas encore une forte de *concatenatio*? Ne peut-on pas préfumer d'après cette hypothèfe que dans l'un & l'autre cas il s'établit une irradiation perpétuelle & réciproque d'émanations, *fluxus perpetuus radiorum... & viciſſim*, dans le premier cas, entre M. Meſmer & fon malade, dans le fecond, entre les différentes perfonnes placées autour de l'appareil. Ne peut-on pas dire fur-tout de ces dernieres qu'elles font liées, enchaînées par cette irradiation *radiis reciprocis concatenari*, & que la médecine de M. Meſmer ou des modernes, & celle des anciens ou de Maxwel, dépendent entierement de cet enchaînement ou communication invifible & fecrete, *totam ex ha concatenatione pendere ?*

On peut porter plus loin la preuve de cette conformité. Cet art prétendu d'agir fur les individus par la communication des efprits ne fe bornoit pas pour les anciens à croire qu'ils pouvoient changer l'état phyfique des corps. Ils le regardoient encore comme un moyen puiffant d'agir fur le moral, & de le modifier de plufieurs manieres. Ils le croyoient fur-tout très-propre à procurer un empire abfolu fur l'efprit ou le cœur des femmes, & ils ne balancoient pas de prévenir fur les abus qu'on pourroit en faire. *Il n'eft pas prudent,* difoit Maxwel, *de traiter de ces objets, à caufe des dangers qui peuvent en réfulter; fi même on s'expliquoit ouvertement fur ce point, les péres ne pourroient plus être fûrs de leurs filles, les maris de leurs époufes, ni les femmes répondre d'elles-mê-*

mes (1). N'a-t-on pas cru devoir reprocher au magnétisme animal la même facilité d'en abuser ? Les partifans mêmes de cette méthode n'ont-ils pas cherché à éclairer le public fur les abus qu'ils croyoient qu'il pouvoit en réfulter en le confiant à de jeunes mains. L'auteur des lettres inférées dans le journal de Paris, n°. 44 & 67 an. 1784, a principalement infifté fur cet article, & M. Mefmer dans fes réponfes, ne paroit pas avoir voulu nier cette vérité. Il fe renferme dans l'indication des précautions, qu'on peut prendre, & qui font fur-tout inféparables d'un traite-

------

(1) Non fatis tutum de his agere propter pericula. Anfam præbere poteft luxuriofæ libidinis explendæ vel maximam. Imò fi hæc conclufio ciarè explicaretur, (quod avertat Deus) patres de filiabus, mariti de uxoribus, imò fœminæ de femetipfis certæ effe nequirent, &c. cap. 13, concluf. 12.

ment public, ou fait en grand pour éloigner les reproches.

Ce n'eſt donc pas ſeulement dans l'une & l'autre doctrines pour la guériſon des maladies qu'on crut pouvoir employer le magnétiſme. On croit dans toutes deux pouvoir également troubler la ſanté, occaſionner des accidens & faire éprouver des ſenſations défavorables & fâcheuſes. *Je ne veux pas*, dit Maxwel, *vous porter à des actions condamnables. Si de la lecture de mes écrits vous tirez de pareils moyens, vous aurez l'attention de ne pas les divulguer.* —— *J'ai obſervé*, ajoute-t-il, *de très-grands avantages & des effets merveilleux du bon uſage de cette méthode. J'ai vu auſſi l'abus qu'on en faiſoit, occaſionner des maux infinis* (1). On connoit aſſez quels moyens on

______

(1) Tibi animum ad nefanda non addam; ſi quidquam ex meis ſcriptis damnandâ con-

employoit fous ce rapport dans l'ancien magnétifme. L'art de nuire par les excrémens étoit fondé fur ces moyens. *Les émanations*, difoit Maxwel, *s'etendent fort loin, & c'eſt par elles que, fans le favoir, nous fommes fouvent affeƈlés de maladies dont nous ignorons les caufes* (1). On annonce dans le magnétifme animal le même pouvoir (2).

---

fequentiâ erueris, non propalabis. cap. 11, concl. 10..... Cùm enim hujus artis mirabilia viderim maximafquè utilitates, tùm etiam innumera mala ex debito ufu vel incauto abufu, &c. Præfat.

(1) Longiffimè ergò fe extendunt, & variè nobis ignorantibus operantur, varièque nos ab illorum læfione affeƈl fumus, caufas morborum ignorantes. *Maxwel*, cap 7.

(2) « L'influence de M. Mefmer dure plu-
» fieurs jours; & pendant ce temps-là, fi la
» perfonne eft fufceptible, il peut opérer
» fur elle des effets fenfibles fans la toucher
» de nouveau; de loin, fans autre intermé-
» diaire que le fluide même agiffant par la

M. Mesmer, dit-on, peut purger, affliger de la diarrhée, tourmenter d'une vive & douleureuse colique, les individus soumis à son action. On connoît assez les histoires des personnes dont on raconte que l'incrédulité a été ainsi éprouvée & dissipée par M. Mesmer.

Les anciens tiroient encore de leur art de plus grands prodiges. *Car par cette méthode*, disoit Maxwel, *on ne guérit pas seulement les maladies, mais on peut opérer encore des choses plus étonnantes* (1). On sait assez quels effets merveilleux ils attribuoient au *lampas vitæ*, au sel du sang *sal*

» communication sufsilante, quelque fois » même à travers un mur ». *Essai sur la découverte du Magnétisme animal.* Journal de Paris, n°. 47. Supplément.

(1) Atqui non solùm morbi hâc methodo curantur. Verùm alia longè mirabiliora fiunt. *Maxwel*, cap. 12.

(2) Voyez Joan. Ernest. Burggravii Bio-

sanguinis, par lesquels ils croyoient qu'on pouvoit être inftruit de ce qu'éprouvoit une perfonne habitant un féjour éloigné ou faifant un voyage. On connoît ce moyen qu'ils croyoient avoir de faire converfer entr'elles les perfonnes les plus éloignées, au moyen d'un alphabet magnétique empreint fur le bras (1). M. Mefmer à la vérité n'opère

---

lychnium feu lucerna cum vitâ ejus cui accenfa eft myfticè vivens jugiter cumque morte ejufdem expirans, omnefque affectus graviores prodens, &c.

(1) Ce procédé confiftoit à enlever de l'un des bras de chacure de ces perfonnes un petit lambeau de chair de forme égale, d'appliquer le lambeau de l'une au bras de l'autre, & ainfi réciproquement. Sur ces lambeaux, qui faifoient bientôt corps avec l'individu, on gravoit en rond les lettres de l'alphabet; & quand une de ces perfonnes, ainfi préparées, touchoit avec un filet différentes lettres, l'autre en étoit inftruite par un fentiment de douleur & de piqûre à l'endroit où fe trouvoit la

point encore pour l'étendue de l'action,
d'aussi grands prodiges, mais ses partisans
ne pourroient-ils pas dire qu'il est sur la
voie, qu'il les imite en petit? Ce que l'on
raconte (1) des livres dont on magnétise

---

lettre désignée. Ce moyen de communication
avoit lieu à de très-grandes distances. *Voyez*
Boetius de Boodt. Gemm.& lapid. hist. c.254.

(1) *Voyez Journal de Paris*, n°. 44, 1784.
Lettre aux auteurs du Journal... L'auteur
de cette lettre, en parlant du Magnétisme
animal, dit : « J'avais avancé qu'il n'étoit pas
de nature à être manié par des mains trop
jeunes. Cette question est si intéressante pour
le public, que lui seul peut être juge entre
M. Mesmer & moi. Citons quelques faits au
hasard.

» M. Mesmer se trouvant un jour avec
» MM. Camp*** & d'E*** auprès du grand
» bassin de Meudon, leur proposa de passer
» alternativement de l'autre côté du bassin,
» tandis qu'il resteroit à sa place. Il leur fit
» plonger une canne dans l'eau, & y plongea
» la sienne. A cette distance, M. Camp***.
» ressentit une attaque d'asthme, & M. d'E***.

une ligne, un mot, une page, un paflage
& que des femmes ne peuvent lire en-

» la douleur au foie à laquelle il étoit fujet.
» On a vu des perfonnes ne pouvoir foutenir
» cette expérience fans tomber en défaillance.
» Un autre jour, M. Mefiner fe promenoit
» dans les bois d'une terre au-delà d'Orléans.
» Deux Demoifelles profitant de la liberté de la
» campagne, devancerent la compagnie pour
» courir gaiement après lui. Il fe mit à fuir :
» mais bientôt revenant fur fes pas, il leur pré-
» fenta fa canne, en leur défendant d'aller plus
» loin. Auffi-tôt leurs genoux ployerent fous
» elles. Il leur fut impoflible d'avancer.
» Un foir, M. Mefiner defcendit avec fix
» perfonnes dans le jardin de Monfeigneur le
» Prince de Soubife. Il prépara un arbre, &
» peu de tems après, Madame la M*****
» de ***. & Mefdemoifelles de Pr***. &
» P***** tombèrent fans connoiflance. Ma-
» dame la D***. de C***. fe tenoit à l'arbre
» fans pouvoir le quitter. M. le C***. de
» Mons*** fut obligé de s'affeoir fur un banc,
» faute de pouvoir fe tenir fur fes jambes.
» Je ne me rappelle pas quel effet éprouva

fuite fans fe trouver mal à l'endroit défigné ; ce qui s'eft paffé près du baffin de Meudon, où M. Mefmer placé d'un côté en plongeant fa canne dans l'eau, fit, à ce que l'on affure, tomber en crifes des perfonnes placées à l'oppofé & qui communiquoient de la même maniere avec l'eau du baffin ;

» M. Ang***, homme très-vigoureux ; mais il
» fut terrible. Alors M. Mefmer appella fon
» domeftique pour enlever les corps ; mais,
» je ne fais par quelles difpofitions, celui-ci,
» quoique fort accoutumé à ces fortes de fcè-
» nes, fe trouva hors d'état d'agir. Il fallut
» attendre affez long-tems pour que chacun
» pût retourner chez foi ».

Voyez encore le Dictionnaire des merveilles de la nature par M. A. J. S. D. in-8°. Paris, 1781. tom. 2, p. 9. *Magnétifme animal.* L'auteur y rapporte l'hiftoire d'un effai tenté en fa préfence par M. Mefmer fur le gouverneur des enfans d'une maifon où il fe trouva. Cette hiftoire ne doit pas paroître moins extraordinaire.

ces hiſtoires d'arbres magnétiſés que l'on ne peut toucher ſans éprouver une révolution, celle ſur-tout de l'arbre du jardin de Soubiſe, qui magnétiſé ainſi par M. Meſmer, ne put, à ce que l'on dit, être approché ſans de violens accidens par pluſieurs perſonnes qui l'accompagnoient; cette hiſtoire enfin, ſi récente de la jeune cataleptique, qui placée dans un appartement voiſin mais ſéparé, ſans aucune communication avec M. Meſmer, répéte, dit-on, ſes mouvemens; toutes ces merveilles ne peuvent-elles pas entrer en comparaiſon avec les précédentes, & ne pourroit-on pas dire que M. Meſmer approche ſingulierement de l'habileté des anciens magnétiſtes?

C'eſt donc autant ſur le moral que ſur le phyſique, que par le magnétiſme, M. Meſmer, à l'imitation des anciens, ſemble avoir acquis un empire abſolu. Qu'on liſe les lettres du pere Hervier (1), celle de M. Court de Gebelin (2), on verra que cet agent prétendu infpire des fentimens affectueux, qu'il attache par une vive & douce reconnoiffance les malades à ceux qui les traitent ; que fon action enfin eft propre à fortifier les liens du fang & qu'elle doit devenir une fource de délices & de bonheur au fein des familles. Les anciens attribuoient les mêmes avantages au magnétifme. Ils le croyoient propre à produire les mêmes effets, quoiqu'ils y reconnuffent, au moins fous certains rapports , une affez grande difficulté. *On peut difpofer des efprits*, dit Maxwel (3),

____

(1) Lettre fur la découverte du Magnétifme animal. Paris 1784, in-8°. de 48 pages.

(2) Lettre de l'auteur du Monde primitif. in-4°. de 47 pages.

(3) Ad animos enim inclinandos, propter dominantem voluntatem magna vis requiritur, plurimarumque caufarum confpiratio ; quam

mais à cause de l'empire de la volonté, il faut une grande force & le concours d'un grand nombre de causes. On connoît d'ailleurs ce qu'ils ont écrit sur l'amour dont ils expliquoient l'action par une sorte de magnétisme, (*magnetismus amoris*) (1). C'étoit par les mêmes principes qu'ils rendoient compte des pressentimens sur-tout entre des personnes étroitement liées par le sang. On retrouve encore dans la doctrine du magnétisme moderne, cette même idée rapportée. (2)

Une autre analogie entre les deux systêmes, & quant à la maniere même d'employer le magnétisme consiste en ce

---

quia vulgus ignorans nescit, horum certitudinem calumniatur vel diabolica vel falsa dictitans. cap. 20.

(1) Kircher, lib. 3 , mundi magnetici. Part. 9. *de Magnetismo Amoris.*

(2) « Le phénomène de la communication » rend raison de la force des affections mater-

que les anciens n'excluoient pas de leur
méthode certains procédés par lesquels
ils agissoient d'une maniere, à la vérité, purement extérieure, mais avec
contact immédiat, & qu'ils n'appelloient pas moins magnétiques ; car il
faut observer ici que ce n'étoit pas
seulement en ce qu'ils appelloient *actio
in distans* que consistoit le magnétisme.
Des remedes, des substances qu'on appliquoit à l'habitude du corps, avoient
encore, suivant eux, une semblable
maniere d'agir, & à le bien prendre,
c'étoit toujours une action *in distans*
qu'elles avoient, en attirant, par exemple, du dedans au dehors, ou plutôt

---

» nelles, de leurs préférences pour leurs pre-
» miers ou leurs derniers nés, & enfin de leurs
» pressentimens ; pressentimens que l'on nie
» parce qu'ils font rares ; mais dont la possi-
» bilité existe, &c. » *Essai sur la découverte
du Magnétisme animal.* Journal de Paris,
n°. 47, 1784. Supplément.

en guériſſant du dehors au dedans. On trouve dans les anciens de ſemblables procédés qu'ils appelloient *magnétiques* ; ainſi *la poudre de ſuccin répandue ſur la tête, guérit*, ſuivant Maxwel, *par un véritable magnétiſme* (1). Ainſi l'application de petits chiens aux pieds, ou celle de pigeons à d'autres parties du corps, étoient pour eux autant de procédés *magnétiques* (1). M. Meſmer auſſi dans ſa doctrine eſſentiellement magnétique, adopte des moyens d'agir, dont l'uſage exige cependant le contact ou l'application immédiate. L'attouchement entre pour beaucoup dans ſa méthode ; mais ainſi que ſes anciens prédéceſſeurs ou maîtres, c'eſt au moins à une action pu-

------

(1) Miro magnetiſmo humores nocentes à capite ibi attrahit. *Maxwel*, lib. 3, cap. 1 & pag. 194.

(1) Quæ omnia alio modo quàm per magnetiſmum fieri nequeunt. cap. 9, lib. 2.

tres,

rement extérieure qu'il paroît principalement se borner.

Ce n'est pas cependant que dans
l'ancienne médecine magnétique, on
n'admît même des remedes internes.
Mais on en faisoit un choix particulier
& quelques - uns seulement d'un certain ordre devoient être employés.
Tels étoient spécialement les médicamens confortatifs , c'est-à-dire que
l'on reconnoissoit comme propres à
fortifier l'esprit vital , & dès-lors à se-
conder par leur action celle de l'agent universel ou extérieur que l'on croyoit employer. Maxwel répéte en plusieurs en-
droits cette assertion. *Il est beau,* ajoutoit-
il , *de faire concourir au succès de cette
méthode , toutes les forces de la nature* (1). Il traite dans son ouvrage

____

(1) Pulchrum equidem est totâ conspirante
naturâ ad opus procedere, quod, ut in medicinâ hâc nostrâ fieri possit, de evacuationibus
famosis breviter pro ratione diximus. Jam au-

de l'ufage que l'on pouvoit faire des remedes évacuans ordinaires ; mais il infifte fpécialement fur les médicamens confortatifs ; *lefquels* , dit-il , *parce qu'ils fortifient l'efprit vital répondent plus particulierement à nos vues ; car* , ajoute-t-il , *il eft impoffible de guérir une maladie, fi l'on ne fortifie convenablement l'efprit vital, tant à l'intérieur qu'à l'extérieur* (1). — M. Meſmer reconnoît également l'utilité de quelques remedes internes dans fa méthode ; mais dans fon choix il differe

---

tem de confortativis intrò fumendis agere decrevimus, quæ quidem, quia fpiritum vitalem confortant, noftro propofito maximè congruere certum eft. Nec poffibile eft quin morbus curetur nifi debitè, tàm intrà quàm extrà fpiritus vitalis fortificetur. cap. 5 , lib. 2.

(1) Omnes admonitos velim ut interim confortantia morbo appropriata interiùs propinent, quò citiùs , tutiùs & jucundiùs cura perficiatur. Pag. 58. *Maxwel.* —— Primùm autem hic generaliter monendum omnem medicinam

des anciens. La crême de tartre eft maintenant le remede qu'il employe préférablement. Il fut un tems où le tartre martial foluble étoit celui qu'il paroiffoit préférer. On fait encore que dans de certaines circonftances , lors fans doute que les cas le requierent , il augmente le nombre des médicamens qu'il admet à faire partie de fon traitement. Il employe même ceux qui font d'un ufage plus ordinaire & d'une action plus marquée , tels que les bains , les faignées , les purgatifs.

Cependant malgré cette conformité avec la médecine vulgaire , les partifans de l'ancien magnétifme fe glorifioient beaucoup dans leur doctrine, de n'avoir rien de commun avec elle. *Je*

---

in alterâ medicinâ licitam, hic etiam adhiberi poffe. Cap. 3. lib. 2. —— Atque prætereà dùm hæc fiunt, altera illa communis medicina fuo munere fungi poteft , modò confortativis tantùm & fpecificis utatur. Pag. 199.

me suis éloigné, disoit Maxwel (1), *des principes de la philosophie ordinaire. Il n'en existe point, ou que très-peu dans les écoles.* — *Quelle idée doit-on avoir d'une science qui est en contradiction avec l'expérience journaliere ?* —— *Si vous n'avez appris*, ajoutoit-il, *que la philosophie des écoles, & si vous avez puisé dans Galien tout votre savoir en médecine, vous pouvez vous abstenir de lire ce traité, car vous ne pourrez ni l'entendre ni porter un jugement sain de ce qu'il contient;* il est

---

(1) A communi philosophantium turbâ secessi, fateor, *disoit Maxwel* : nullam vel raram in scholis philosophiam agnosco. — Qualis quæso erit illa philosophia quæ cum experimentis quotidianis minimè quadrat?— cap. 1, lib. 1. —— Si Philosophiam tantùm vulgarem in scholis edoctam cognoveris, & si medicus Galenum tantùm sciveris, à lectione, quæso, hujus tractatûs abstine, quia nec illum intelligere, nec de eo judicium ferre aptus es. — Longè à moribus tuis alienus, &c. Préf.

trop éloigné de votre maniere de voir.
Les partifans du magnétifme moderne
fe louent également de fuivre une
route particuliere. Ils regardent la médecine ordinaire comme une fcience
qu'il faut abfolument abandonner. « Mes
» réflexions, dit M. Mefmer (1),
» m'ont infenfiblement écarté du che-
» min frayé, »

Veut-on encore d'autres rapports, &
dans la maniere même d'employer le
magnétifme? il eft facile d'en préfenter. Les anciens n'ayant pour agir magnétiquement, ainfi qu'ils le difoient, fur les
individus ou les malades, que le fecours
des différentes humeurs ou parties qui en
étoient extraites, cherchoient au moins
& préféroient celles qu'ils croyoient le
plus abondamment pourvues de l'efprit
vital particulier à l'individu, & qui leur
paroiffoient offrir ainfi un moyen plus

____

(1) Mémoire fur la découverte du Magnétifme animal. pag. 11.

puiſſant de communcation à la faveur de l'eſprit univerſel. *C'eſt pour cela, dit Maxwel, que nous cherchons l'eſprit vital dans les parties où il eſt plus à nud, afin qu'en lui appliquant les ſecours convenables, il puiſſe ſe dégager plutôt des matieres nuiſibles & étrangeres, & qu'en ſe renouvellant dans toute ſa ſubſtance, il parvienne plus promptement à rétablir le corps dans ſon état naturel* (1). Parmi les différentes humeurs qui leur ſembloient préſenter cet avantage, ils placoient le ſang & la matiere de la tranſpiration ou de la ſueur. Il paroît auſſi que pour leurs applications magnétiques ils faiſoient choix de certaines parties du corps qui faiſant fonction d'émonc-

––––––––––––––––––––––––––––

(1) Hinc ſpiritum in ſuâ nuditate quærimus, ut debitâ applicatione citiùs à nocivis & extraneis liberetur, & velociùs totum ſe immutet, corpuſque rectificet à temperie lapſam. *Maxwel*, cap. 11, concl. 10.

toires, donnoient lieu à une plus grande émanation de l'esprit vital ou des esprits (1). On assure de même que dans la méthode moderne, les partisans du magnétisme désignent des centres particuliers sur le corps humain pour exercer leur toucher. C'est au moins ainsi qu'ils préfèrent l'épigastre qu'ils regardent comme *le plus grand point de réunion d'influences vitales*. (2)

On parle dans cette méthode de moyens pour purger magnétiquement, & nous avons déjà fait mention du pouvoir en ce genre que l'on attribue

---

(1) Licet ex toto corpore radii semper fluant sunt tamen quædam corporis partes ex quibus copiosiores fluunt, qualia sunt emunctoria per quæ corpus humanum mundatur, spiritusque superfluitates comitans liberiori egressu vagatur. Magnetem igitur partis dolentis emunctoriis applica. &c. &c. *Maxwel*, cap. 12.

(2) Essai sur la découverte du magnétisme animal. Journal de Paris, n°. 47, 1784.

à M. Mefmer pour convaincre certains incrédules. Les partifans de l'ancien magnétifme fe vantoient de pouvoir produire des purgations femblables, auxquelles au moins ils donnoient le même nom. Maxwel reprochoit aux auteurs de fon tems, *de n'avoir pas de purgatifs magnétiques encore exempts de tout inconvénient, & fembloit fe féliciter d'en avoir trouvé un pareil* (1).

M. Mefmer annonce que par fa méthode, on peut facilement découvrir le fiege ou le principe des maladies les plus cachées ; qu'on peut reconnoître, par exemple, fi un malade eft attaqué d'obftructions, & quels font les vifceres où elles font placées. Dans l'ancien magnétifme on annonçoit le même avantage. *Lorfque*, dit Borel,

____

(1) Nondùm inventum effe medicamentum aliquòd magneticè purgans (unguenta quædam communiter nota excipio) quod prorfùs venenofâ qualitate caret.

un mal eft interne & qu'on ignore quelle eft la partie qui en eft affeétée, il eft facile de s'en affurer par la méthode que nous indiquons. (1)

Dans les opérations du fyftême moderne, le magnétifme animal employé, dirigé par M. Mefmer paroît manifefter fon action fur les individus par des fenfations particulieres. Dans l'opinion ancienne on difoit de même que *c'étoit par la fenfation que le magnétifme s'opéroit.* (2) On fait d'ailleurs quel parti l'on prétendoit tirer de l'art de nuire par les excrémens, pour faire éprouver de la

─────────

(1) Cùm etiam ignoratur malum internum cujufdam, quæque pars in eo laboret, cumque feneftrâ careamus, ut olim Momus optaret, quâ poffimus partem affectam detegere, illud — percipere valemus.── Tuncque pars eadem quæ in ægro affecta, reperietur; & fic cognito morbo remedia legitima admoveri poterunt. *Borellus*, obf. 28, cent. 3.

(2) Magnetifmus fit per fenfationem. *Th. Sympath.*

D v

douleur aux perfonnes dont on cherchoit à fe venger.

C'eft le plus fouvent par une impreffion de chaleur que l'on affure que le magnétifme fe fait fentir fous les mains de M. Mefmer; & Santanelli a dit, *autant on communique d'efprit à un corps, autant on lui donne de chaleur, & il perd de cette derniere dans la méme proportion que du premier.* (1)

Le principe du magnétifme animal fuivant les partifans, réfide dans l'atmofphere. M. de Harfu affure qu'il en fait partie (2). Maxwel plaçoit de

_____

(1) Omnis calor à fpiritu vitali procedit, ficuti de motu dictum eft, nec ille fine calore fubfiftere, vel corporibus mifceri poteft. Aph. 74. —— Quantùm de fpiritu tantùm de calore ponitur; amittitur verò de uno quantùm de altero. Aph. 75.

(2) Voyez Recueil des effets falutaires de l'aimant dans les maladies. Genèv. in-12, 1782. Difc. prélimin. pag. 31,

même son agent ou esprit universel dans les plus hautes régions de l'air. *C'est perdre son tems*, disoit-il, *que de chercher cet esprit salutaire autre part que sur le sommet des plus hautes montagnes* (1). Nous avons vu d'ailleurs plus haut qu'il pensoit qu'il résidoit par-tout, libre & dégagé de toute entrave (2).

On sait que les partisans du magnétisme animal se servent de tiges de fer, qu'ils tiennent élevées pour puiser, à ce qu'ils prétendent, le fluide universel dans l'atmosphere, & qu'ils croyent aussi, quand il surabonde, pouvoir le rejetter dans le réservoir commun. Les partisans

______

(1) Qui hoc medicamentum alibi quærit quàm in vertice montium altissimorum præmium laboris dolorem damnumque inveniet. Aph. 95.

(2) Spiritus hic alicubi vel potiùs ubique quasi liber à corpore invenitur. Aph. 9. *Maxwel.*

de l'ancien magnétisme prétendoient aussi
pouvoir saisir le fluide universel qu'ils
croyoient répandu dans l'espace, & le fixer dans certains corps par des procédés
particuliers ; c'étoient des procédés d'Al-
chymie. Ils préparoient ainsi leurs ma-
gisteres, qu'ils imprégnoient, disoient-
ils, *de l'esprit universel répandu dans
l'air* (1). La fameuse poudre de sympathie étoit ainsi préparée. *C'est*, disoit
le chevalier Digbi, *l'esprit universel lui-
même fixé & comme incorporé* (2). Par la
putréfaction, au contraire, ils pensoient
que la portion du fluide que conte-
noient les mixtes étoit rendue au foyer
général. Voy. les aphor. de Santanelli.

---

(1) Universali spiritu per aerem vagante.
Santanelli. pag. 50.

(2) Nihil aliud esse quam, ut ità dicam,
corporificationem spiritûs universalis — qui
omnibus rebus sublunaribus animam dat. Voy.
*Kenelmi Eq. Digbœi oratio. de vuln. per pulv.
sympath. sanat.* Theatr. Sympath.

Les partisans de M. Mesmer annoncent
que (1) le principe du magnétisme animal
est le fluide universel ; que ce fluide est susceptible de prendre différentes déterminations dans son mouvement, & que c'est
en lui imprimant des directions convenables qu'on peut l'employer d'une maniere
utile dans le traitement des maladies.
On retrouve les mêmes idées dans le
premier systême. On sait que ses partisans croyoient que le principe du
magnétisme résidoit dans la matiere
même de la lumiere, & Santanelli a
dit que *la matiere de la lumiere n'ayant
par elle - même aucune détermination
particuliere, il falloit, pour employer le
magnétisme, lui en imprimer une* (2). —
Mais pour n'induire personne en erreur,

---

(1) Voyez Essai sur la découverte du magnétisme animal. Journal de Paris, &c. article *Tout est direction.*

(2) Ex luce indeterminatâ determinatam
facere. Aph. 80, 81, 82, 83, 97.

ajoutoit-il, *il faut dire que cette lumiere susceptible de prendre différentes déterminations, quoique par elle même elle n'en ait aucune, & qui renfermant le principe de vie de toutes choses, peut être appellée le véhicule de l ame universelle du monde, n'est point connue dans sa nature.* (1)

On assure qu'en magnétisant les arbres, on peut leur communiquer une disposition qui les mette en état d'agir par le principe du magnétisme sur les malades, d'une maniere salutaire. Dans l'ancien système on en faisoit usage aussi pour opérer la guérison des maladies par l'intermede de l'esprit universel. C'étoit sur ce point qu'étoit

____

(1) Sed ne quis fallatur, lux quam indeterminatam dicimus, quæque in se vitam rerum possidet, animæ mundi universalis vehiculum, in tenebris latet, nec nisi à philosopho qui centrum rerum planè perspectum habet cernitur. Aph. 84.

fondé l'art de guérir par *tranfplantation*.

Dans l'ancien magnétifme on regardoit la tranfpiration comme un moyen d'action univerfelle. *On peut la regarder*, difoit Maxwel, *ainfi que la fueur, comme l'effet d'une forte de liquéfaction de toute la fubftance du corps. C'eft pour cela qu'elles font d'un fi grand ufage dans la médecine magnétique* (1). Les partifans du magnétifme animal ont auffi grand foin de confeiller tout ce qui peut favorifer la tranfpiration. Ils recommandent comme une attention particuliere de veiller à la plus grande propreté du corps (2). Nous ne dirons rien ici de l'avis qu'ils donnent également de quitter le tabac, de foi-

____

(1) Totius corporis liquamen funt hinc in medicinâ magneticâ feù diaftaticâ maximi ufûs. lib. 2, cap. 16. De fudore & infenfibili tranfpiratione.

(2) Effai fur la découverte du Magnétifme animal. Journal de Paris.

gner sa bouche, ses ongles & de conserver ses cheveux, pour exercer le magnétisme (1). Il seroit facile de faire voir que dans l'ancienne médecine magnétique ces mêmes objets avoient mérité une grande attention (2).

Enfin, veut-on dans la forme même des ouvrages, des exemples de conformité, M. Mesmer s'annonce comme l'inventeur de son système, comme le premier qui l'ait mis en ordre. Il présente sa découverte comme une science qui a ses principes, ses conséquences & sa doctrine. (3) Maxwel de même

---

(1) Ibidem.

(2) Voyez *Maxwel*, lib. 2, cap. 17. *De crinibus*. His igitur, *dit-il*, non immeritò utimur, sunt pars corporis viventis. Antiquos magos mediantibus pilis multa perpetrasse notum est. —Cap. 18. *de unguium præsegminibus & dentibus.*—Cap. 19, *de sputo & narium mucore.*— Hæc omnia tamen, quia in corpore moram fecerunt aliquid de spiritu vitali secum ducunt.

(3) Voyez la *réponse de M. Mesmer à ceux*

prétendoit établir sa doctrine par des conséquences & des principes. *Comme je suis*, disoit-il (1) *le premier qui ait essayé de traiter méthodiquement de cette partie de la médecine je mérite déjà par cela seul quelque indulgence.* —— *Que ne dois-je pas attendre, ajoutoit-il (2), de la censure des igno-*

---

qui l'ont consulté sur la cure magnétique. Journal Encyclopédique, premier Juin 1776. M. Deharsu, *Recueil des effets salutaires de l'aimant, dans les maladies.* Disc. prél. p. 27.

(1) Càm primus sim qui methodicè de hâc medicinæ parte scribere tentaverim. —— lib. 1, cap. 1. —— Vel hoc saltem nomine quòd primus sim veniam mereor. —— Præfat.

(2) Quid igitur à rigidis ignorantibusque censoribus expectare debeam qui non unicum medicamentum sed multa ; non particularia & hactenùs quidem communia, sed & modum universalem, regulasque certas posui, quibus solers ingenium plura majoraque suo marte facilè invenire poterit. —— Nec tantùm regulas posui verùm fundamenta substravi, super quæ totam artem fundatam cognosces. *Præfat.*

rans, *moi qui donnes non pas un seul remede, mais plusieurs; qui ne me bornes point à indiquer des procédés particuliers, ou qui soient déjà d'un usage commun, mais qui apprends une methode générale & des regles certaines, à l'aide desquelles chacun pourra facilement inventer de nouvelles choses & des plus merveilleuses.... Moi qui n'ai pas seulement donné de pareilles regles, mais qui ai jetté les fondemens sur lesquels repose toute cette science ?*

M. Mesmer donne sa méthode comme fondée sur l'observation, l'expérience & les faits. Maxwel s'appuye des mêmes preuves. En parlant de la philosophie de son tems. *Quel cas, dit-il* (1)*, voulez-vous qu'on fasse d'une science*

—————————————————————————

(1) Qualis quæso erit illa philosophia quæ cum experimentis quotidianis minimè quadrat. lib. 1, cap. 1.

qui eft journellement en contradiction avec les faits? —— Notre opinion, ajoute-t-il, (1) eft donc fondée fur une expérience conftante.

M. Mefmer annonce des méthodes particulieres pour la cure de quelques-unes des maladies les plus rébelles. Maxwel de même difoit,(2) *animés de l'amour du bien public, nous donnerons en outre une maniere sûre de traiter plu-fieurs des maladies qu'on regarde comme incurables, telles que la manie, l'épilepfie, l'impuiffance, l'hydropifie, la pa-*

---

(1) Vera igitur & indubità experientiâ confirmata eft noftra affertio, ex quâ tanquàm ex uberrimo fonte rivuli pulcherrimi fluunt. cap. 7, concl. 6.

(2) Dabimus prætereà reipublicæ ftudio ducti, certam fex maximorum morborum curam qui à vulgo medicorum incurabiles habentur, maniæ nempè, epilepfiæ, impotentiæ, hydropis, paralyfis & febrium tam intermittentium quàm continuarum, &c. &c. Præfat.

ralyfie, les fievres intermittentes & con-tinues. M. Mefmer annonçoit de même dans fa *lettre à M. Unzer* (1) qu'il effayoit fa méthode « contre l'épilepfie, » la manie, la mélancolie & les fievres » intermittentes. Il plaçoit auffi, dans » le nombre de ces affections, la paraly-» fie, pour laquelle il annonçoit d'ailleurs » qu'il avoit une méthode particuliere ».

M. Mefmer fe plaint de voir tout le public foulevé contre fa découverte. Maxwel s'indignoit d'un pareil accueil. *N'ai-je pas vu*, dit-il (2), *l'univers*

____

(1) Voyez le Recueil des effets falutaires de l'aimant, par M. de Harfu. pag. 15 ; & la réponfe de M. Mefmer à ceux qui l'ont confulté fur la cure magnétique, &c.

(2) An non jam penè per biennium editio impedita hâc in civitate fuit, nec hactenùs hic imprimere licitum fuit? An non mundum quafi totum in unicum hujus artis remedium maximâ oppofitione maximîfque conviciis infurgentem hoc elapfo fœculo vidi? — Nonnè reclamante experientiâ quæ femper facra &

presque entier, se soulever contre cet art, l'attaquer par des sarcasmes, & chercher à le couvrir de ridicule ? N'y a-t-il pas, ajoutoit-il, bientôt deux ans qu'on empêche que je ne fasse imprimer mon travail dans cette ville, & dans le moment présent je n'en ai pas encore obtenu la permission ?

M. Mesmer a renfermé dans quelques propositions fondamentales les premiers principes de sa doctrine. Maxwel avoit également renfermé la sienne dans des propositions particulieres en forme d'a-phorismes. On les retrouve dans Santanelli, éclaircis & commentés. Ce n'é-toit au reste qu'un premier apperçu de son syftême qu'il préfentoit. Pour ex-cufer le peu d'étendue qu'il avoit donné à fon traité, il fe plaignoit de ce que

---

indubitata effe debet, hoc magicum, diaboli-cum, nefarium ineptiffimè judicabatur ? ⎯ O non ferendam iniquitatem ! &c. præfat.

d'autres foins ne lui en avoient pas laiffé la liberté. *Mais*, ajoutoit-il, *nous donnerons dans un autre tems des chofes bien plus merveilleufes, & qui intérefferont le bien public.* M. Mefmer annonce auffi qu'il publiera plus amplement fa doctrine ; « en communi-» quant, dit-il, ma méthode, je dé-» montrerai par une théorie nouvelle » des maladies, l'utilité univerfelle du » principe que je leur oppofe ». *Prop.*25.

Enfin M. Mefmer tire de l'aimant même des comparaifons pour faire entendre fes principes. « Une aiguille non » aimantée, dit-il, ne reprendra que par » hafard une direction déterminée » (V. *Mém. fur la découverte du magnétifme animal*, pag. 10.) Dans l'ancien fyftème , l'aimant fourniffoit auffi des comparaifons pour mieux faire entendre la doctrine. On pourroit en citer mille exemples. Maxwel au moins en employoit. *De même*, dit-il, *que la pierre d'aimant se fortifie & se nourrit en quelque maniere en adhérant au fer, de même aussi il y a des substances qui conservent l'esprit vital qu'on est parvenu à se procurer, &c. &c.* (1).

Jusques-ici nous nous sommes attachés à ce que M. Mesmer a cru devoir révéler de sa doctrine au public. Mais il annonce qu'elle peut avoir une bien plus grande extension. Ce n'est pas seulement à la médecine qu'elle est applicable. Ses partisans assurent qu'elle peut donner la clé de la haute physique, que son agent est le ressort universel du mécanisme du monde (2), & M. Mesmer lui-même annonce dans

____

(1) Nam sicut magnes lapis ferro fortificatur & quodam modo nutritur, ita sunt qui spiritum vitalem apprehensum custodiunt, donec alteri curam ipsius committant, &c. cap. 13. conclus. 12.

(2) Essai sur la découverte du magnétisme animal.

les propofitions 2J & 22, dont nous avons réfervé précédemment de nous occuper à la fuite de ce mémoire, M. Mefmer, dis-je, affure que « ce » fyftême fournira de nouveaux éclair-» ciffemens fur la nature du feu & » de la lumiere, ainfi que dans la théo-» rie de l'attraction, du flux & du « reflux, de l'aimant & de l'électrici-» té ».

On remarque fous ce rapport un trait de conformité trop frappant entre l'ancien magnétifme & le moderne, pour qu'on puiffe le paffer fous filence. Il nous fournira d'ailleurs l'occafion de donner fur l'hiftoire & les premiers tems de cette doctrine renouvellée de nos jours, quelques détails qui peuvent être ici néceffaires.

Les anciens n'avoient point regardé le magnétifme comme une propriété particuliere & propre à la pierre d'aimant. Plufieurs phénomenes leur paroiffoient

roiſſoient analogues à ceux que préſentoit cette ſubſtance merveilleuſe, & ils
les attribuoient au magnétiſme comme
à une cauſe commune. Ils admettoient
ainſi, non comme nous le faiſons maintenant, une ſeule eſpece d'aimant,
mais pluſieurs eſpeces ou genres de
cette ſubſtance, dont le nombre leur
paroiſſoit plus ou moins multiplié. On
trouve dans les tems les plus reculés
des traces de cette opinion (1). Ils admettoient une eſpece d'aimant qui attiroit l'or, & qu'ils appelloient *Pantarbe*,
une autre eſpece qui attiroit l'argent,
d'autres qui attiroient différens corps
de la nature, comme la pierre pré-
cieuſe appellée *ſagda* ſuivant eux, attiroit le bois. Le ſuccin, ſur-tout,

---

(1) Voyez Kircher, de magnete, lib. 1, part.
1, capit. 4. *Utrùm magnetes diverſi aſſignentur*
& ſpecie differentes. — Voyez auſſi Albert le
grand, opera phyſica. tom. 2, lib. 5, de
mineralibus. Tract. 2, cap. XI. Il cite Ariſtote.

E

attirant les pailles & les fils, leur paroiſſoit plus particulierement une ſubſtance magnétique. On ſait que dans ces tems où l'électricité n'étoit pas autrement connue, ce fut cette propriété du ſuccin ou de l'ambre jaune, *electrum*, qui porta Gilbert l'Anglois, après avoir examiné l'aimant, à s'occuper de l'électricité, regardant l'ambre comme une ſorte d'aimant. Mais juſques-là au moins ſi l'on avoit donné trop d'extenſion au magnétiſme, on ne l'avoit conſidéré que comme une propriété particuliere. Des tems poſtérieurs lui acquirent plus de crédit..

Les premiers obſervateurs s'étoient élevés, par la force de leurs méditations, juſqu'à cette vérité que la nature entiere étoit régie par une puiſſance ſecrete qui, portant les choſes qui ſe convenoient à s'unir & celles qui ne ſe convenoient pas à ſe fuir & s'éloigner, entretenoit ainſi l'univers

dans un état de mouvement inteftin &
perpétuel (1). La nature de ce principe
leur fut long-temps cachée & dans
l'impuiffance de la découvrir, ils cherchoient au moins à la défigner, fuivant les principes reçus de leur temps,
par une force ou qualité occulte qu'ils
appelloient *force de fympathie ou d'antipathie.*

On fe contenta longtems de ces premieres connoiffances ; mais lorfqu'au
renouvellement des fciences, la phyfique fut plus particulierement culti-
vée, on crut avoir fait un grand pas
dans la découverte de la nature &
des phénomenes du premier principe.
L'aimant attira alors l'attention d'une

----

(1) Lis & amicitia in naturâ ftimuli funt
motuum, & claves operum; hinc corporum
unio & fuga. — *Geber.*

Qui formas rerum novit is unitatem in mate-
riis diffimillimis complectitur. Voyez *Kircher,*
de magnete, lib. 1, part. 2, pag. 23.

maniere particuliere. Les premiers regards fe tournerent vers cette fubftance fi bien faite pour frapper & pour étonner ; c'eft au moins ce que femble nous indiquer cette foule de traités fur l'aimant, que l'on trouve publiés à cette époque, & tant d'écrits fur les pierres précieufes & communes, *de lapidibus & gemmis*, auxquelles on feroit tenté de croire que les prodiges de l'aimant donnerent particulierement naiffance. Au refte les propriétés de cette fubftance furent alors mieux connues ; fa merveilleufe fingularité frappa plus vivement les efprits, & ce qui fous le rapport des tems ne doit pas étonner fans doute, on crut avoir découvert en elle le mot de la grande énigme, de celle du méchanifme du monde. L'aimant parut réunir tous les caracteres du principe univerfel, moteur premier de l'univers ; ce fut en lui que l'on crut que la nature fembloit s'être plue à dévoiler le plus grand de ses secrets. En effet ce principe devant par son immensité embrasser l'univers, il devoit établir une correspondance marquée entre les corps célestes & notre globe (1). On sait à quel point les anciens avoient cru à la réalité de cette correspondance supérieure, & l'aimant dont on connoissoit alors la vertu directive, paroissoit annoncer un principe empreint de ce grand caractere. On croyoit en effet que l'aimant qui se dirigeoit vers le pole du monde tenoit cette action de ce que le principe de son activité, lui étoit transmis des astres ou plus particulierement de la région

---

(1) Qui sciverit catenam connectentem superiora inferioribus, hìc mysteriorum maximum penetrabit. — Algaziel Arabs. *Kircher*, p. 23. Voyez de plus *Petr. Servius*, Theatr. Sympath. pag. 553. Necessariò, inquit Cicero, omnia uno divino ac continuato spiritu continentur.

E iij

Polaire du ciel (1). Il réuniſſoit d'ailleurs dans ſa maniere d'agir les deux principaux caracteres de l'action univerſelle de la nature, ceux d'attirer & de repouſſer, ou celui de la tendance générale & commune des corps à ſe fuir & à ſe réunir réciproquement. Son action ſe propageoit par une véritable irradiation en tous ſens, & dans toutes les directions, comme on l'obſervoit dans les forces de la nature. Elle avoit lieu auſſi entre des corps éloignés à plus ou moins de diſtance ; ce qui rendoit raiſon d'un grand nombre de phénomenes dont l'exiſtence & l'importance étoient une des raiſons les plus fortes qui euſſent porté à reconnoître la néceſſité d'un principe univerſel. Elle s'exerçoit enfin à travers les corps les plus ſo-

---

(1) Quare unumquodque cum altero ſympathiâ conſociatum, ut magnes cum aſtris, &c. &c. *Petr. Servius.* Ibid.

lides , & les plus durs , comme on étoit perfuadé que les influences céleftes agiffoient fur les métaux dans les entrailles de la terre , ou fur les corps plongés fous la maffe des eaux dans les profonds abymes de la mer.

On crut donc l'univers *animé* par le même principe que l'aimant. Ce mot, pour le dire en paffant, peut être pris à la rigueur. Quelques anciens avoient donné au principe univerfel le nom *d'ame du monde* (1). On avoit attribué auffi une ame à l'aimant. Mais dans des tems pofterieurs , & fpécialement à l'époque dont je viens de parler, on plaça ce principe, non plus dans la claffe des intelligences fubalternes & fecondaires , imaginées dans

---

(1) Voyez Ocellus Lucanus , *de la nature de l'univers* ; Timée de Locres, *de l'ame du monde*; Platon, dans fon *Timée* ; & Ariftote, dans fa *lettre à Alexandre fur le fyftême du monde.*

E iv

les siecles précédens, mais au rang des principes que l'on appelloit *esprits, agens* ou *fluides universels*, *matiere èthérée*. Cette idée produisit en physique une sorte de révolution générale. La nature entiere parut soumise au magnétisme, & l'on voit par ces traités nombreux du système du monde où l'on rapporte tout aux forces magnétiques, que l'on a publiés dans le dernier siecle, combien cette opinion avoit acquis d'empire en physique. (1)

Tout dans la nature parut donc animé par le magnétisme. Les aftres

____

(1) *Wirdig*, Medecina spirituum. Universa natura magnetica est... Totus mundus constat & positus est in magnetismo. Omnes sublunarium viciffitudines fiunt per magnetismum. Vita confervatur magnetismo. Interitus omnium rerum fiunt per magnetismum. (lib. 1, cap. 27. De magnetismo & sympatheismo, n°. 3, pag. 148.)

ou les corps céleftes étoient autant de gros aimans qui fe balançoient, s'attiroient & s'entraînoient mutuellement dans l'efpace. Cette opinion que l'on doit à Gilbert, eft analogue au fyftême de l'attraction du grand Newton. Les élémens fembloient s'attirer par un véritable magnétifme, & par une pareille action opérer dans la production des météores.

Ce puiffant magnétifme s'étendoit du ciel fur la terre, & tous les corps de notre globe en étoient, difoit-on, imprégnés. C'étoit l'action magnétique du foleil & de la lune qui produifoit le phénomene du balancement des eaux, celui du flux & du reflux des mers. Les minéraux & les foffiles; les végétaux & les plantes, tous les êtres vivans,& que comprend plus particulierement le regne animal, n'exiftoient, ne croiffoient, n'agiffoient que par le magnétifme. L'homme enfin dans fa

E v

conſtitution phyſique & morale, étoit ſoumis à l'empire de cette puiſſance dont il éprouvoit l'action. Un grand nombre de phénomenes particuliers analogues à ces différentes claſſes d'ê-tres ou de ſubſtances, étoient rap-portés à la même cauſe. Les effets de l'ambre jaune, ou les attractions électriques ; l'action du mercure ſur les métaux ; le phoſphore ou la pierre lumineuſe : la végétation des plantes, l'art des entes ou des greffes pour les arbres ; les plantes appellées plus particulierement magnétiques, & qui ſemblent ſuivre le ſoleil & la lune dans leur cours : différentes eſ-peces d'animaux déſignés auſſi parti-culierement par la même dénomina-tion, tels que la *torpille*, le *rémora* des anciens, un ſerpent d'Amérique appellé par le P. Kircher, *anguis ſtu-pidus Americanus*, le *rana piſcatrix*, le poiſſon volant ou *piſcis globoſus*,

la fyrene ; l'impreffion que femble produire le crapaud fur la belette : dans
l'homme enfin le pouvoir fi étonnant
de l'imagination, les effets de celle de la
mere fur l'enfant qu'elle porte dans fon
fein ; l'empire non moins étonnant
encore de la mufique fur les efprits,
fes effets dans la production des paf-
fions, dans la cure de la tarentule ;
le pouvoir encore plus puiffant de
l'amour, l'art des fafcinations ; tous ces
phénomenes ne s'expliquoient qu'à la
la faveur de l'efpece de magnétifme
propre à chacun des trois regnes de
la nature auquel fe rapportoient les
différentes fubftances, foit de nature
animale, foit de nature végétale, foit
enfin de l'ordre des êtres animés qui
les préfentoient. C'eft encore à ce principe que fe rapportoient la palingé-
nefie ou l'art de faire revivre par les
cendres, les fubftances qui les avoient
fournies ; les différentes efpèces d'hor-

loges magnétiques, par lesquelles on prétendoit que deux personnes séparées, & dans l'éloignement, pouvoient communiquer ensemble : (deux phénomènes que M. Comus semble avoir réalisés sous nos yeux ;) enfin les merveilles fameuses de la baguette divinatoire qui tient dans ce système une si grande place, & que l'on a tenté de renouveller de nos jours. En un mot, comme l'exprime si bien le titre de l'ouvrage du Pere Kircher, tous les phénomènes de la nature étoient liés entr'eux par une cause ou un véritable enchaînement magnétique, *mundi catena magnetica.*

La médecine ne tarda point à subir le joug de cette opinion dominante. Non-seulement on avoit admis un magnétisme animal ou propre aux êtres animés, comme on avoit admis un magnétisme végétal & minéral ; non-seulement on expliquoit par ce magnétisme les fonctions du corps humain,

par exemple, dans la nutrition principalement comment les différentes parties du corps attiroient les molécules
nutritives qui étoient analogues à leur
subſtance, telles que la graiſſe les
parties huileuſes, les os les parties
terreſtres, & ainſi pour les parties
nerveuſes & muſculeuſes ; on crut
pouvoir ſaiſir ce principe, ſervant
d'inſtrument à la nature dans la con-
ſervation & l'entretien de l'économie
animale, & s'en ſervir ou l'employer
à rétablir ſes fonctions quand elles ſont
dérangées. Quelques faits, d'un ordre
très-ſingulier, parurent indiquer dans
le corps humain une eſpèce particuliere
de magnétiſme, à la faveur duquel
on crut pouvoir établir une nouvelle
manière de traiter & de guérir les maladies. Les parties ſéparées ou ſorties
du corps vivant, comme nous l'avons
dit, telles que les excremens en général, certaines humeurs comme le ſang

ou le pus fourni par les plaies, les parties même solides du corps humain, telles que des lambeaux de chair parurent continuer de vivre d'une vie commune avec l'individu qui les avoit fournies, & l'on crut découvrir que toutes les impreffions ou changemens qu'on leur faifoit éprouver, fe tranfmettoient au même inftant à l'individu qui les reffentoit. Un fait très-extraordinaire surtout donna naiffance à cette opinion (1). Un homme de Bruxelles s'étant fait faire un nez artificiel par l'opération de *Taliacot*, s'en étoit retourné, ainfi réparé dans fes traits, au lieu de fon féjour ordinaire, où il continua de vivre bien portant, l'opération ayant bien réuffi. Mais tout-à-coup, dit-on, la partie factice qu'il s'étoit procurée, devint froide, pâle, livide, fe pourrit & tomba. On ne favoit

______

(1) Voyez Santanelli, pag. 12. & Vanhelmont, &c. &c.

à quelle caufe attribuer ce changement imprévu dont on ne voyoit aucune raifon fenfible. Mais ôn apprit bientôt que le jour même de la chûte du nez factice à Bruxelles, un crocheteur de Boulogne qui, pour de l'argent, avoit fourni une portion de peau prife à fon bras, étoit mort dans cette ville où avoit été pratiquée l'opération. Un fecond fait pareil fut bientôt recueilli. Maxwel (1) en parle dans fon ouvrage, & il n'en fallut pas davantage pour entraîner les efprits encore livrés dans l'enfance de la phyfique à toutes les fuperftitions de la magie & des anciens tems. On généralifa bientôt (2) ce fait d'obfervation. L'efpece de fympathie dont il offroit l'exemple fut regardée comme une propriété générale de l'économie animale. Mille

---

(1) Maxwel, de medicin. magnetic.
(2) Petr. Servius, de ung. armar. Th. fympath. pag. 551.

autres faits réputés incontestables furent cités à l'appui. Les Alchymistes s'emparèrent sur-tout de cette idée. Ils préparèrent ce sel du sang dont ils prétendoient que la couleur changeoit & se ternissoit à la mort de l'individu, qui en avoit fourni la matière. La lampe de vie, *Lampas vitæ*, offroit, suivant eux, la même merveille. La lumière de cette lampe s'affoiblissoit, ou s'éteignoit absolument dans le cas de mort ou de maladie. C'est de-là enfin que vint l'art autrefois si fameux de nuire par les excremens.

On crut bientôt pouvoir employer cette découverte prétendue à des usages utiles. Le sang sorti des blessures, le pus extrait des plaies, parurent offrir un nouveau moyen de guérir. On ne regardoit point dans cette méthode la présence des malades comme nécessaire. En appliquant sur les linges imbibés de l'une ou de l'autre de ces humeurs, une poudre particulière appellée *poudre de sympathie* ; ou bien

en enduisant d'un onguent particulier
l'arme ou l'épée qui avoit fait la blef-
sure, & qui restoit teinte du sang du
blessé, on assuroit qu'on pouvoit guérir
à de très-grandes distances, & d'une
manière beaucoup plus sûre & plus salutaire que par les moyens ordinaires.
On donnoit à cet onguent le nom d'*un-
guentum armarium*, à cette méthode,
celui de *curatio vulnerum magnetica,
sympathetica*; & à ceux qui l'exer-
çoient, celui de *Telungiarii*. On ne peut
croire combien cette médecine singu-
lière acquit de faveur, quels partisans
illustres & distingués elle eut, quel nombre infini de traités elle donna occasion
de publier. Le fameux Chancelier du Roi
d'Angleterre, *le Chevalier Digby* donna
son nom à la poudre de sympathie. Enfin
depuis Paracelse & Vanhelmont, qu'on
peut regarder, sur-tout le premier, comme
les auteurs de cette secte, un grand
nombre de médecins prirent la plume

& publièrent différens écrits en faveur de la nouvelle méthode de guérir.

Cependant cette révolution, quelque puissante qu'elle fût par le crédit & par l'ardeur de ses partisans, n'entraîna point l'opinion générale. Les vrais observateurs restèrent attachés à la doctrine ordinaire. Ils opposèrent aux nouveaux sectateurs la singularité de leur opinion, son défaut de preuves & de conformité avec la bonne physique. Mais ces oppositions ne les arrètèrent pas. Au contraire elles les enflammèrent de nouveau ; & dans la vue de soutenir leur opinion, ils cherchèrent à rendre raison des faits qu'ils avançoieut comme incontestables. Ils firent tous les efforts de génie dont ils étoient capables sous ce rapport, Maxwel surtout ; & c'est de-là que vint cette théorie particulière de l'esprit universel puisée dans les plus anciens philosophes de l'antiquité, dont on crut pouvoir appuyer la doctrine chancelante, & dans laquelle on retrouve, comme nous venons de le voir, sinon toute la méthode, au moins toute la doctrine de M. Mesmer.

C'est en effet sous le rapport médical le même fonds de doctrine ; ce sont les mêmes principes, les mêmes vues, les mêmes prétentions. C'est l'influence des astres ou le *magnétisme planétaire*, le *magnétisme harmonique*, ou celui de la musique, le *magnétisme animal* enfin, on propre aux êtres vivans & sensibles ramenés sur la scene. Ce sont les mêmes idées sur l'existence d'un principe universel, qui anime l'homme & tous les êtres vivans ; qu'on peut saisir & par lequel on peut agir extérieurement sur le corps humain. Sous le rapport physique on voit des traces de la même conformité ; les astres comparés par M. Mesmer (1) à de grands

____

(1) *Lettre de M. Mesmer à M. Unzer*, &c. « Dès l'année 1766, je publiai une brochure

aimans qui s'attirent mutuellement, & régiffent ainfi leurs propres mou-

---

» fur l'influence que les planetes & particu-
» lièrement le foleil, la lune & la terre,
» ont fur le corps humain; je tâchai d'y prou-
» ver que ces grands corps céleftes agiffent
» fur notre globe en général, & fur les par-
» ties qui le compofent en particulier, de
» la même manière que, conformément au
» fyftéme de Newton, ils gravitent les uns
» fur les autres, & fur-tout le foleil, s'atti-
» rent mutuellement comme autant de grands
» aimans, en raifon de leurs maffes, de leurs
» diftances, & de leurs difpofitions, retardent
» ou accélèrent leurs mouvemens refpectifs,
» s'entraînent de leurs orbites, & dérangent
» l'ordre de leurs mouvemens, &c. &c ».
Nous avons dit plus haut que cette opinion
avoit été adoptée dans l'ancien magnétifme.
C'eft fur-tout à Gilbert quelle doit fa naiffance.
Voyez *Guillelmi Gilberti tractatus de magnete, five phyfiologia nova de magnete
magneticisque corporibus.* Sedini, 1628.
Kepler & *Stevinus* enfuite l'adoptèrent également. Confultez *Kircher*, lib. 3. *Mundi
magnetici, fivé catenæ.....* part. 1. Ουρανο-

vemens ; le foleil & la lune occafionnant fur notre globe le flux & le reflux de la mer (1) , & produifant un mou-

μαγνητισμὸς. cap. 1. *De confenfu cœli & terræ.* *Kircher* traite dans ce chapitre du magnétifme ou des mouvemens magnétiques de la terre, des planetes & des aftres. *De terræ, planetarum, aftrorumque magnetifmo, feu motibus magneticis*....... Il examine fi les corps céleftes, foit fixes, foit errans, ont véritablement une force magnétique qui les meuve, & par laquelle ils s'attirent magnétiquement les uns les autres. *Utrùm terræ, foli, cæterisque aftris, tàm erraticis, quàm fixis, verè magnetica vis infit, & utrùm unum alterum verè & propriè magneticè trahat.* quæft. 1. Il réfute les raifons que Gilbert apporte pour prouver que le mouvement de la terre eft magnétique ; & finit par dire qu'elle n'eft point, comme le prétendoit cet auteur, un grand aimant. *Argumenta & rationes quibus Gilbertus terræ motum magneticum afferit, eorumque refutatio. Sect. 1. Tellus non eft magnus magnes. §. 1.*

(1) *Lettre de M. Mefmer à M. Unzer, &c.*

vement pareil dans toute l'atmofphere (1) ; l'harmonica dont on trouve

---

« Je montrai que de même que le foleil &
» la lune en conféquence de leurs pofitions
» refpectives & de celle de la terre, & de
» leurs diftances, opèrent les marées, tant des
» différentes mers, que de toute l'atmofphère;
» ils produifent un effet analogue dans le corps
» humain ». Cette opinion faifoit auffi partie
de l'ancien magnétifme. Voyez *Kircher* lib. 3.
mundi magnet. part. 4. Ὑδρομαγνητισμός,
c'eft-à-dire, « du magnétifme du foleil & de
» la lune fur l'élément humide ou les mers.
De magnetifmo folis & lunæ in maria fivé
elementum aqueum. Il parle de « l'influence
» des aftres fur les êtres inférieurs, du flux
» & du reflux de l'ocean & des autres mers ».
De mirabili facultate luminarium in inferiora,
fivé de æftu oceani, cæterorumque marium
fluxu & refluxu. cap. 1. Il examine enfin,
« Si la lune attire les eaux de la mer, & fi
» c'eft par un véritable magnétifme ». *Utrùm*
luna & an magneticâ vi trahat aquas ma-
ris ? quæft. & il réfute cette opinion.

(1) Voyez le paffage ci-deffus de la *lettre*
de M. Mefmer à M. Unzer. & Kircher, *de*

dans le pere Kircher, à l'article même du magnétifme animal, une forte de defcription ou d'imitation (1) ; enfin, & pour nous borner à ce que dit M. Mefmer fur cet article qu'il ne fait qu'indiquer, fa doctrine doit donner, fuivant lui, de *nouveaux éclairciffemens* fur plufieurs autres points de phyfique abfolument les mêmes *fur la nature du feu & de la lumiere, ainfi que dans la théorie de l'attraction, du flux & du reflux, de l'aimant, & de l'électricité* (2). Propof. 11, 22.

---

magnetifmo elementorum, magnetifmo meteororum.

(1) Kircher, lib. 3. mundi magnetici. part. 8. *De potenti muficæ magnetifmo.*

(2) Voyez la Propofition 21 de M. Mefmer ; & *Kircher*, fur le magnétifme des météores & des élémens, *De magnetifmo elementorum, magnetifmo meteororum.....* Sur le magnétifme de l'ambre & des corps ou des attractions électriques. *De magnetifmo electricorum,*

A ce fujet on ne peut paffer fous filence une expérience que les partifans du magnétifme animal citent & répétent aux yeux de bien du monde, comme propre à les convaincre, & que l'on retrouve auffi dans le Pere *Kircher* : c'eft celle de l'épée que l'on fait foutenir par la garde fur deux doigts & que l'on voit fe mettre dans un mouvement de rotation affez rapide, lorfqu'une perfonne qui magnétife, tourne circulairement fon doigt autour d'elle (1). Telle eft encore l'expérience de la bague qui fufpendue à l'extrémité d'un fil & plongée à l'intérieur d'un verre, fonne l'heure, dit - on, entre les mains des perfonnes magnéti-

---

Magnetifmo electri, feù electricis attractionibus, earumque caufis. lib. 3, cap. 3.

(1) Lib. 1, part. 1. *De magnete in genere.* cap. 4. On trouve à cet endroit, dans le père Kircher, une figure qui repréfente cette expérience.

ques.

ques. On trouve dans *Kircher* cette expérience rapportée parmi plusieurs autres descriptions qu'il donne *d'horloges magnétiques* (1). M. Mesmer ne s'étant pas plus étendu sur les usages que doit avoir, suivant lui, sa théorie en physique, nous ne pouvons rien ajouter de plus. Mais c'est surtout dans le but qu'il se propose, qu'il se rapproche infiniment des anciens magnétistes. Telle est la prétention de traiter par des moyens purement externes & de posséder la vraie médecine universelle.

Il seroit inutile à ce sujet, s'il n'étoit pas des vérités que l'on ne peut

______

(1) Kircher, lib. 3 , mundi magnetici. part. 5 , voyez à la table *Horologium magneticum*, &c. &c. Kircher dit que l'on emploie dans cette expérience une pierre de jaspe ; il ajoute qu'ainsi que l'expérience de l'épée, il s'est assuré qu'elle ne dépend point de cette cause mais du seul mouvement de l'air ou de la main.

aſſez répéter, d'obſerver ici que cette prétention a ſervi de voile dans tous les tems aux impoſteurs qu'on a vu paroître dans l'empire des ſciences, & ſur-tout en médecine. C'eſt en l'appuyant d'une théorie impoſante qu'ils ſe ſont flattés de la faire ſervir à leurs vûes, & rien ne pouvoit être mieux imaginé. C'eſt plus encore par l'intérêt que par leur penchant pour le merveilleux, qu'on ſéduit les hommes, & dès-lors la médecine univerſelle réuniſſant ces deux mobiles, doit être regardée comme un des plus puiſſans moyens que l'on puiſſe mettre en œuvre pour les tromper. L'hiſtoire nous apprend auſſi qu'il n'y en a pas eu de plus communément employé. C'eſt elle qui ſervoit de principal fondement à la magie. Perſonne ne doute, diſoit Pline, qu'elle ne ſoit née de la médecine, & qu'en réuniſſant ce que la religion a de ſplendeur &

d'autorité pour captiver le genre humain, & l'aftrologie judiciaire de merveilleux, elle ne fe foit infinuée dans les efprits, fous prétexte de donner des remedes plus efficaces que les remedes ordinaires. Tel étoit auffi le principal fondement de l'art des enchantemens & de l'aftrologie judiciaire. En général, & c'eft ici ce qu'il faut bien remarquer, cette prétention a du exifter dans tous les fiecles. Tant de faits prouvent que le corps humain vit dans une dépendance abfolue des chofes qui l'environnent, que l'on s'eft facilement perfuadé qu'il étoit animé par un principe d'exiftence qui lui étoit extérieur. De cette idée, au defir de faifir cet agent, à l'efpérance de pouvoir l'employer & s'en fervir de maniere à agir fur l'économie animale pour la modifier fuivant les befoins de l'humanité, le rapport eft trop intime & la liaifon trop naturelle, pour que les premiers hommes qui ont réfléchi ne les ayent pas apperçus & faisis. Aussi trouve-t-on cette idée admise dès les tems les plus reculés, & c'est elle qui, comme nous venons de le dire, donna naissance à la magie, à l'art si mensonger des charmes, des enchantemens & des fascinations, enfin aux illusions de l'astrologie judiciaire. On avoit cru successivement l'homme animé par différens principes extérieurs, & suivant les erreurs dominantes dans l'enfance de l'esprit humain, la nature de ce principe avoit été diversement indiquée. Dans les siecles dominés par l'ignorance, où la superstition avoit peuplé l'air d'une foule d'intelligences ou d'esprits subalternes qui présidoient à la conservation des êtres, l'on en avoit admis un grand nombre qui s'étoient partagés les différentes parties du corps de l'homme dont elles prenoient soin, & l'on crut qu'en les invoquant chacun ſelon les parties qui étoient affectées, les malades devoient être guéris. Ce préjugé donna naiſſance à la confiance des Egyptiens pour les charmes & ces eſpeces d'enchantemens qui conſiſtoient en de certains mots ou prieres qu'on récitoit aux oreilles des malades. Chez les peuples qui, par la nature de leur climat & de leurs mœurs, étoient plus particulierement portés à l'obſervation des cieux, on reſta perſuadé que l'influence des aſtres étoit la puiſſance qui animoit tous les êtres d'ici bas. (1) On crut bientôt poſſéder des moyens efficaces de détourner les mauvais effets que pouvoit avoir cette influence, de la rendre propice, & cette croyance fit naître ces caracteres hiérogliphyques ou ſacrés & ces eſpeces d'amulettes que dans l'aſtrologie judiciaire, l'on nomma *ta-*

____

(1) Non eſt hìc herba inferiùs cui ſtella ſua non fit quæ dicat ei, creſce.

lifmans. La même prétention fubfifta dans les fiecles fuivans. Dans les tems où régnerent les qualités occultes, elle fe lia à la grande théorie de la fympathie & de l'antipathie ; & il ne faut pas croire que les tems plus modernes en ayent été exempts. On l'a vue reparoître depuis ces époques éloignées & parmi nous, fous les deux premieres formes qui l'avoient d'abord recelée. Tels font le preftige des poffeffions, ou des maladies occafionnées par les diables, qui a fuccédé à l'exiftence des efprits ou intelligences admifes dans l'art des enchantemens, & le magnétifme enfin qui dérive manifeftement du fyftéme fi ancien de l'influence des aftres, ou de l'aftrologie judiciaire.

Toutes ces tentatives diverfes, tant de fois renouvellées pour arriver à la médecine univerfelle, n'ont été que des impoftures vaines & ridicules. On fait à quel point les différentes opinions que l'on a produites pour l'appuyer font fucceffivement tombées dans le mépris & dans l'oubli ; & cependant chacune à leur époque, elles avoient eu de brillantes deftinées. Leurs partifans ou leurs auteurs en avoient appellé à l'obfervation, à l'expérience, au témoignage des fens, & l'on ne peut douter qu'effectivement des faits nombreux, ou les apparences au moins ne paruffent dépofer en leur faveur. Mais fi l'on y regarde de près, fi l'on fe reporte avec quelque attention fur l'hiftoire de ces opinions, on verra en quoi confiftoit le preftige & l'erreur.

Il eft plufieurs ordres de faits dont les partifans de ces opinions favoient adroitement profiter, & qui les fervoient merveilleufement dans leurs prétentions. On doit placer au premier rang dans ce genre, la circonftance heureufe fans doute, mais enfin utile & réelle, d'être fécondé par la nature, dans des circonſtances où l'on a méconnu l'étendue de ſon action. Ainſi dans le traitemant des playes par la cure magnétique ou ſympathique, on croyoit opérer des guériſons qui ſe faiſoient d'elles-mêmes, parce qu'on n'avoit pas alors aſſez bien vu que la nature ſe ſuffit ſeule pour guérir le plus grand nombre des bleſſures. Dans la perſuaſion où l'on étoit que les playes avoient beſoin des ſecours de l'art pour guérir, on attribuoit ainſi à la poudre de ſympathie, des cures que l'on ne croyoit pas qui euſſent pu avoir lieu autrement, puiſqu'on n'avoit appliqué aucun remede au bleſſé. On ne peut douter qu'il n'en fût de même des prétendues guériſons opérées par la magie, l'art des enchantemens & l'aſtrologie judiciaire. Les connoiſſances alors étant très - bornées, & dès-lors l'action de la nature dans la cure des maladies, peu connue, il ne faut pas s'étonner si le succès répondoit quelque fois, peut-être même souvent, aux tentatives que l'on faisoit; mais on étoit alors induit en erreur. Ajoutons d'ailleurs, que sur un grand nombre de malades, il n'est pas possible qu'il n'y ait pas d'heureux effets du hazard, & les charlatans, s'ils ne fondent pas sur ces faits leurs espérances, savent bien au moins en profiter. C'est surtout pour les méthodes qui n'ayant aucune action très-vive, paroissent ainsi incapables d'opérer de mauvais effets, que cet avantage a lieu. Tous les succès leur sont attribués & on ne peut leur imputer aucun des accidens.

On voit en second lieu que dans quelques-unes peut être même dans le plus grand nombre de ces opinions, on employoit comme secondaires & indifférens des moyens à la vérité, ordinaires & communs, & que sous ce double rapport on ne soupçonnoit d'aucune action, mais qui dans le fonds en avoient une, & qui souvent opéroient la majeure partie des effets que l'on obtenoit. Ainsi dans la cure sympathique, on exigeoit (1) que la playe fût tenue couverte & dans le plus grand état de propreté. Il n'en faut pas davantage dans le plus grand nombre des cas pour guérir des playes, que l'usage encore trop généralement admis des emplâtres (2), ne

(1) Vide *Joh. Nardius Florentinus*, de prodigiosis vulnerum curationibus. *Th. Sympath.* pag. 606, 607.

(2) Il y a en ce genre un exemple qui mérite d'être rapporté, c'est celui d'une recette pour faire suer, qu'un empyrique proposa dans l'année 1745. C'étoit une poudre sympathique, & le procédé consistoit à la mêler avec de l'urine d'une personne, & à la placer dans un vase sur le feu pour la faire bouillir. Pendant cette opération, le malade devoit rester au lit, on le couvroit bien, & on lui faisoit prendre quelques tasses de thé. La sueur survenoit immanquablement. Voyez *Poudre sympathique pour*

fait fouveut qu'aggraver. On peut encore remarquer que dans la médecine magné-tique on n'excluoit pas l'ufage de quel-ques-uns des remedes ordinaires. On voit dans Maxwel qu'on employoit la faignée, les lavemens, les remedes fortifians fur-tout, en un mot toute la médecine con-nue. Mais alors en guériffant par la réu-nion de ces moyens, ne tomboit-on pas dans l'erreur fouvent, au moins quel-quefois, en attribuant aux fecours ex-traordinaires & finguliers, c'eft-à-dire, aux procédés magnétiques, les cures qui étoient opérées uniquement par les fecours ou moyens ordinaires?

Il eft encore dans ce genre un autre ordre de moyens également employés & agiffans puiffamment pour leur part, fans qu'on y porte bien direc-tement fon attention, & qui peuvent

---

faire fuer. Lettre à ce fujet par M. Dionis. D. M. P. Paris, 1746.

F vj

opérer encore une illusion plus com-
plette ; c'est la dissipation, l'exercice,
les déplacemens qu'exigent les voyages,
enfin différens secours moraux puisés
dans l'ordre de ceux qui agissent agréablement sur les sens & sur l'esprit.
On sait combien ces différens moyens
ont de puissance & d'action sur la
santé. Ils font souvent tout le mérite
de certains remedes que l'on ne recom-
mande ainsi que dans la vue des bons
effets en ce genre qu'ils peuvent procurer. Les voyages, les eaux prises à
des sources éloignées, les avantages
d'une vie active & exercée, les plai-
sirs de la bonne société, sont-ils dépourvus d'effets salutaires? Sont-ce des
moyens inconnus en médecine, & ne
forment-ils pas entre des mains ha-
biles & par le conseil de médecins
adroits, toute la médecine des gens
du monde, & la base de celle qui
convient aux affections si tristes, si

essentiellement morales des hypocondriaques & des gens vaporeux ? Personne n'ignore combien on peut tirer
parti de ces moyens adroitement dé-
guisés, & offerts ainsi sous une apparence utile & singuliere à des esprits
que la tristesse de leur ame & une
mélancolie profonde rendent difficiles
à reconcilier avec la gaieté, la joie
& les douceurs de la vie. Que l'on
vienne à bout de persuader à des hommes
de cette espece, que d'aller écrire son
nom chaque matin, d'une maniere
bizarre à la grille de Chaillot, ou
de faire tous les jours tant de tours
d'une certaine maniere, autour d'un
arbre, est un moyen infaillible de
rendre la santé, & l'on verra si l'on
n'en tire pas un parti quelconque. Qui
peut d'ailleurs méconnoître l'empire de
la musique, & ses effets salutaires? (1)

____

(1) Voyez *Pechlini observationes medico-*

Au reste on ne peut douter que ces moyens n'ayent été mis en usage, & n'ayent fait au moins une partie du succès de plusieurs des scenes de ce genre que les imposteurs en médecine ont tant de fois renouvellées. Citons ici Gassner (1) : les malades affluoient de

____

physicæ. 1691. Hamburg. obs. 29, lib. 3. Cantús vis in animum & corpus.

(1) Gassner, plus connu sous le nom de Chanoine de Ratisbonne, étoit ce Prêtre qui, il y a dix à douze ans, guérissoit en Allemagne en exorcisant les malades : affligé dans sa jeunesse d'une mauvaise santé, il s'étoit adonné à la lecture des ouvrages de médecine; mais n'ayant retiré aucun fruit de cette lecture, ni même des conseils des Médecins qu'il avoit consultés, il soupçonna que sa maladie pouvoit avoir une cause surnaturelle, & provenir de la puissance du Diable. Sa conjecture fut vérifiée, dit-il, par le succès qu'il obtint en chassant le Diable de son corps au nom de J. C. Il jouit depuis ce moment de la meilleure santé pendant seize ans. Encouragé par ce premier essai, il se procura tous les auteurs

tous côtés ; mais le plus souvent ils venoient de loin. L'exercice, l'agitation,

---

qui ont écrit de l'*Exorcisme*. Il se confirma par la lecture de ces ouvrages dans l'opinion que plusieurs maladies sont produites par le Démon. Il fit d'abord des cures sur ses paroissiens ; & sa réputation s'accrut tellement en Suisse, dans le Tirol, &c. que chacune des deux dernières années, plus de quatre à cinq cents malades accoururent à lui. Il quitta sa paroisse, & après avoir parcouru différens cantons, il vint à Ratisbonne, où il opéra ses guérisons. Il distinguoit les maladies en deux classes, en naturelles & en *démoniaques*. Ces dernières selon lui étoient beaucoup plus nombreuses. Il prétendoit les guérir toutes. Il plaçoit dans cette classe les convulsions, l'épilepsie, la catalepsie, l'asthme, la goutte & toutes ses espèces, la paralysie, &c. C'étoit au nom de Jesus-Christ qu'il opéroit ses cures, & par la foi des malades en son saint nom. Si la foi manquoit, la cure ne pouvoit avoir lieu. Il envoyoit tous les malades guéris ou miraculés à une pharmacie pour y acheter, à un prix convenu, du baume

les diftractions du voyage , & d'un nouveau féjour , celles du retour , n'avoient-ils pas une action utile fur des hommes dont l'efprit d'ailleurs étoit continuellement diftrait & agréablement affecté par l'efpoir très-vif d'une prochaine guérifon ?

Ajoutons ici la médecine par attouchement qui a bien auffi fes effets particuliers, qui ne doivent point être négligés, & qui n'ont pu échapper à l'attention d'obfervateurs exacts & judicieux. On trouve dans Pechlin (1) les effets de ce moyen médicinal bien appré-

---

ou de l'huile , des médicamens fpiritueux , différentes efpèces d'eaux ou de poudres, ou de petits anneaux fur lefquels étoit écrit le nom de Jefus-Chrift. Le but de fes emplettes étoit de munir les malades de moyens propres à chaffer le mal s'il revenoit. Voyez *De Haen*, de miraculis. liber cap. 5 , pag. 143.

(1) Obf. Medico-phyfic. lib. 3, obf. 30. Tactus manuum falutaris, obf. 31. Mirabilis

ciés. On peut consulter aussi le Pere Delrio sur cet article (1). On connoît les effets des frictions sur la peau, ceux des brosses ou des flanelles angloises. On peut par des mouvemens particuliers sur l'organe si sensible de la surface du corps, ébranler le syftème nerveux, & le jetter dans des oscillations salutaires ou nuisibles. Le chatouillement n'occasionne-t-il pas des secousses convulsives (2) ? Ne connoît-

---

historia de medicato manûs tactu. Voyez aussi obf. 32.

(1) *Disquisitiones magicæ.* Lugd. 1612. in-fol. lib. 1, cap. 3, quæst. 4. An folo contactu, afflatu, &c. &c. morbi fanari possint naturaliter ?

(2) Certains animaux ne font-ils pas surtout très-sensibles à ce genre d'action ? On en voit la preuve dans les effets que produit le frottement fur les chats. J'ai éprouvé fur un chien épagneul, d'ailleurs fort & bien constitué, qu'en le frappant à petits coups fur la

on pas cet art nouveau pour nous, mais inventé autant pour le bien-être que par la fensualité, de *maffer* les articulations, de pétrir tout le corps comme le font des femmes chez les Indiens après être forti du bain? Mais la feule application de la main peut avoir auffi fes effets particuliers. Profper Alpin parle dans fon traité *de medicinâ Ægyptiorum*, de femmes qui guériffent la dyffenterie en tenant la main appliquée fur le nombril. On n'ignore pas que plufieurs Charlatans calment & fufpendent les maux de dents ou les douleurs d'o-

région des reins, on lui fait contracter fpafmodiquement les extrémités de derriere, & qu'on lui communique même des convulfions générales. Elles fe marquent par des fecouffes qui fe propagent à toutes les parties, à la tête, aux yeux, à tout le corps. Pendant ces frappemens réiterés, l'animal prend une attitude & une forte de regard qui paroiffent très-fpafmodiques.

reilles, en appliquant convenablement leurs doigts fur la machoire; il paroît que c'eft en comprimant certains rameaux de nerfs, qu'ils agiffent. Pechlin regarde l'application de la main, lors fur-tout qu'elle eft accompagnée d'une compreffion légere, comme avantageufe dans les gonflemens avec tenfion, occafionnés par les vents, dans certaines douleurs de côté qui dépendent de la diftraction des fibres, & contre ces douleurs de l'hypochondre gauche, qu'on appelle *le Splen*. Il cite une perfonne qui en faifoit ufage, & la confeilloit aux autres avec fuccès, contre les maux d'eftomac. Il furvenoit dans toute la partie où la main avoit été appliquée, un léger faififfement qui diffipoit le mal. A confidérer cet objet fous fon point de vue phyfique, on ne peut douter que la main appliquée n'ait, foit par fon degré de chaleur ou de froid, foit par l'action feule de la tranfpiration qui s'en exhale, un principe quelconque d'activité dont les effets ne doivent point être négligés. Elle peut en tenir une d'ailleurs très-réelle de certaines préparations avec lesquelles on peut se frotter, & qui peuvent communiquer différentes propriétés. On lit dans le recueil des auteurs qui forment le *Theatrum Sympatheticum*, qu'un Apothicaire à Paris étoit parvenu dans le dernier siecle à préparer une eau avec laquelle il suffisoit de se frotter les mains pour purger une personne, en les lui appliquant sur le ventre. Boyle cite un autre exemple d'une pareille liqueur (1). Il semble au reste que ce moyen ait fait partie de plusieurs des pratiques adoptées par les imposteurs. *Gassner* s'en servoit (2); il appliquoit ses mains

---

(1) *Experiments and considerations a bout the porosity of bodies.* Voyez aussi *Nouvelles de la république des Lettres*, Mars 1585.

(2) Le malade fléchissoit le genou devant

& frottoit vivement la tête & la nuque du malade ; on affure même qu'avant il fe les frottoit fur fon étole ou fon mouchoir ; n'étoit-ce pas pour s'imprégner de quelques matieres fufceptibles de fe mettre en évaporation ? *Greatrakes* dont parle Pechlin (1), appliquoit

---

lui. — Il touchoit la partie malade, & ordonnoit que la maladie y reparût. On l'a vu frotter fortement fa ceinture & fon mouchoir, toucher & frotter vivement la tête & la nuque du malade. Il plaçoit enfuite l'extrémité de fon étole fur les parties affectées. *De Haen*, de miraculis.

(1) Voyez dans Pechlin, obf. 31. l'ouvrage intitulé : *Valentin Greatrakes, efq. of Afane in y Comty of waterford in the Kingdom of Irland, famous for curing feveral difeafes and diftemperes by the ftroak of his hand only. 1666.* Ce Valentin Greatrakes fut fameux en Irlande & en Angleterre. Il prétendoit guérir toutes les maladies en touchant. La maniere dont il crut s'appercevoir qu'il étoit doué de cette vertu merveilleufe, mérite d'être rapportée. On raconte qu'il fentit un jour une

auſſi la main, mais il la promenoit ſur les parties affectées, & le mal,

---

ſorte de révolution, & qu'il entendit une voix ſemblable à celle d'un génie, qui pendant long-tems ne ceſſa de lui crier : *Je te donne la faculté de guérir*. Importuné par ce bruit dont rien ne pouvoit le diſtraire, il réſolut d'éprouver ce qu'il en devoit croire. La voix lui avoit annoncé d'abord le don de guérir les écrouelles. Il eſſaya ſur cette maladie, & les écrouelles, dit-on, furent guéries. Il fit après l'eſſai ſur des malades attaqués de fievres dont il régnoit dans le voiſinage une épidémie très-étendue ; le ſuccès répondit encore à ſes eſſais ; la voix lui avoit également indiqué ce don. Elle lui annonça enfin celui de guérir toutes les maladies ; & il n'y en eut aucune qui ne cédât à ſon pouvoir, de quelque nature qu'elles fuſſent. Cet homme étoit d'un extérieur ſimple Il penſoit que la vertu dont il étoit doué lui venoit de Dieu. Quelques perſonnes l'attribuoient à une diſpoſition particulière & individuelle, comme s'il eût participé de la nature de cette teinture qu'on croit être la médecine univerſelle. Ses guériſons n'étoient accompagnées d'aucun appareil im-

dit-on, defcendoit à mefure que la main avançoit. Quand une douleur

---

pofant ; fi ce n'eft qu'il rapportoit à Dieu chacun de fes fuccès, & qu'il le béniffoit en exhortant le malade à fe joindre à lui. Mais il faifoit un ufage particulier & très-étendu du toucher. Le mal fuyoit devant fa main, & il pouvoit, difoit-on, le déplacer en le portant vers les parties les moins utiles. Si le mal, comme il affuroit quelque fois, fembloit dans ce déplacement s'arrêter tout-à-coup dans quelques parties, il y multiplioit & redoubloit fes frictions, comme pour lui faire forcer l'obf. tacle qui s'oppofoit à fa marche. Dans cette opération, la nature excitée par les attouchemens paroiffoit fouvent opérer des crifes & déterminer des évacuations par les felles, la fueur & le vomiffement. Il ne guériffoit pas au refte toutes les maladies ; quelques-unes réfiftoient à fon pouvoir, ce qu'il attribuoit à ce que le mal étoit trop enraciné, ou bien à une difpofition particulière du fujet qui ne fe prêtoit pas à fes opérations. *Sivé quòd ingeneratus fit morbus, fivé quòd fingularis complexio abhorreat.*

étoit fixée à l'épaule , il fe vantoit de pouvoir ainfi la précipiter le long du bras , & l'amener jufqu'au bout des doigts, où il pouvoit, difoit-il, la faire fortir entierement du corps.

Enfin parmi toutes les difpofitions contre nature qui conftituent les maladies , il en eft une qui appartenant fpécialement au genre nerveux , rend le corps humain fufceptible d'une foule d'impreffions de tous les genres dont favent profiter les impofteurs. Si l'on réfléchit bien à ce qui caractérife au moral comme au phyfique , l'état d'affection nerveufe, hypocondriaque & vaporeufe, on verra facilement quelles facilités cet état préfente aux charlatans adroits pour en profiter. Eft-il rien d'auffi facile à exalter que l'imagination de pareils malades ? Tout entiers à leurs maux, quand aucun efpoir ne leur fourit, ils n'exiftent alors que par la douleur ; & leur mal augmente & s'accroît s'accroît au phyſique par la réaction du moral profondément affecté. Alors leur exiſtence eſt en tous points douloureuſe, fàcheuſe, intolérable. Mais de cette mobilité même, qui fait leur malheur, naiſſent auſſi des avantages. Annonce-t-on un nouveau moyen de guérir, fait-on luire à leur eſprit quelque eſpoir inattendu, ils s'y livrent avec toute la vivacité d'un tempérament extrêmement mobile, augmentée d'ailleurs par le deſir & le beſoin plus vivement ſentis, de changer leur ſituation. Autant les divers objets, les ſoins de la vie étoient pour ces malades, dans leur état d'affaiſſement, de ſujets de peines, de douleurs & de plaintes, autant dans la criſe d'enthouſiaſme qui les tient exaltés, & tant que dure leur illuſion, ſe portent-ils au-devant de tout ce qui peut la perpétuer & l'augmenter. Mais dans ce travail de l'imagination, vivement frappée, doit-on compter pour rien la

G

éaction du moral fur le phyfique ? Qui ne connoit pas fon inconcevable puiffance fur les fens, & tous les avantages qu’on peut en retirer ? Que faudra-t-il de plus pour ranimer une foule d’individus, pour les rappeller à la vie, de l’état d’affaiffement & de mélancolie où ils étoient ? N’en feront-ils pas revivifiés, pour ainfi dire, tant que durera leur illufion ? Et tous les maux que la trifteffe, l’abbattement du corps & de l’efprit, l’ennui, le défœuvrement, leur avoient occafionnés, n’en feront-ils pas diminués, ou même anéantis ?

En général, voulez-vous faire des hommes ce que vous voudrez ? venez à bout de les perfuader. Pour y parvenir, fervez-vous de leur penchant pour le merveilleux : ajoutez-y la féduction de l’intérêt ; & les efprits que vous aurez frappés par de grandes vues, & gagnés par de grandes promeffes, feront entiérement à votre difpofition. Voyez les

différentes histoires des imposteurs, &
vous en aurez la preuve. C'est toujours
par de grands objets qu'ils frappent les
esprits, par de grandes promesses qu'ils
les attirent. C'est, ou le pouvoir de
Dieu, ou une grande cause physique, &
tenant du caractère céleste qu'ils ont
mis en jeu. Les astres, le pouvoir d'intelligences supérieures, celui de Dieu
ou des esprits malins, voilà les différens
ressorts qu'ils ont fait jouer, en annonçant la médecine universelle. On peut
dire en effet de toutes ces sectes, soit
l'art des enchantemens, soit l'astrologie
judiciaire, soit les possessions, soit enfin
le magnétisme, ce que dit Pline de la
magie. Si l'on s'étonne que cette science
ait acquis tant de crédit, il en rend cette
raison. *C'est*, dit-il, *qu'elle a su se pré-
valoir des trois sciences les plus esti-
mées parmi les hommes, en prenant
d'elles ce qu'elles ont de grand & de
merveilleux. Personne ne doute qu'elle*

ne soit née de la médecine, & qu'elle ne se soit insinuée dans les esprits sous prétexte de donner des remedes plus efficaces que les remedes ordinaires. A ces douces promesses, elle ajoute ce que la religion a de splendeur & d'autorité pour aveugler & captiver le genre humain. Elle y mêle ensuite l'astrologie judiciaire, faisant croire aux hommes curieux de l'avenir, qu'elle voyoit dans les cieux ce qui devoit leur arriver. En général, il est une disposition des esprits constante & universelle, dont tant de charlatans adroits & de fourbes hardis ont su profiter & profiteront long-temps encore. Elle consiste dans le desir que nous venons d'indiquer ici, de voir naître une méthode singuliérement propre à guérir les maux les plus difficiles par des moyens extraordinaires. C'est dans les têtes ardentes, dans les imaginations échauffées, dans les constitutions nerveuses, & les malades hypocondriaques, qu'elle réside. Non-feulement de telles perfonnes defirent vivement de fe voir délivrées de leurs maux, fi elles en éprouvent ; mais elles fe paffionnent auffi à l'excès, même pour le bien commun, & pour le foulagement des maux dont elles peuvent craindre de fe voir atteintes. C'eft en flattant ce goût très-décidé, en profitant de cette difpofition très-ardente des efprits que s'opèrent les fuccès des impofteurs. Une théorie impofante force les fuffrages, captive les efprits ; & fi des effets quels qu'ils foient, fe joignent à ce premier appareil, la chance eft décidée ; car on exagère ces effets, & de fimples impreffions naturelles qu'ils font, on les transforme en prodiges. Or rien, comme nous allons le dire, de fi facile que d'obtenir ainfi quelques effets au moins paffagers & apparens, & même d'en produire de très-extraordinaires.

Car ce n'eft pas feulement au moral que cette mobilité se fait remarquer dans les personnes ainsi constituées, elle existe aussi au physique, & c'est sur - tout sous cette derniere disposition qu'il est facile de cacher une source d'illusions inépuisables. Les constitutions s'étant successivement affoiblies avec le progrès de l'age, il s'est établi enfin parmi le sexe, sur-tout dans les grandes villes, un tel état de mobilité dans les nerfs, que les personnes nerveuses sont susceptibles d'entrer en spasme par les causes les plus légeres. Combien ne connoît-on pas de femmes mélancoliques, vaporeuses, hystériques, que tout gêne, qu'une lumiere un peu vive, que les odeurs incommodent, enfin que blesse le grand jour? Combien de personnes du sexe, sur - tout parmi celles qui sont vivement affectées des nerfs, ou épileptiques, qu'un bruit imprévu fait tomber dans des accès violens? N'a-t-on pas des exemples de jeunes filles que l'odeur des églifes le matin, l'air n'étant pas renouvellé, fait tomber en fyncope? C'eft fur-tout chez les femmes, & plus encore lorf-qu'elles font élevées dans la molleffe, que cette difpofition fi fufceptible fe rencontre, la texture de leurs nerfs, la difpofition des plexus dans les organes qui leur font particuliers, le genre de vie qui leur eft propre, les y rendant plus fujettes. Chez les perfonnes de cette efpece, de foibles caufes extérieures ou intérieures, operent ce que ne peuvent faire que des caufes très-ex-traordinaires fur des perfonnes bien conftituées. Mais on fait qu'il n'en eft point qui le foient fi parfaitement, que de violentes fecouffes ne puiffent les jetter dans des accès convulfifs. Une grande frayeur, un énorme éclat de tonnerre, ne font-ils pas tomber des hommes même vigoureux en épi-lepfie? Il en eft de même des fortes affections de l'ame. Qu'on se rappelle cette histoire si connue d'un paralytique que la nouvelle imprévue du feu qui venoit de prendre à sa maison, fit sortir de son lit & s'élancer en fuyant au loin ; celle de ce fils qui voyant un ennemi prêt à percer son pere, & s'écriant pour le sauver, recouvra la voix dont il étoit privé ? Sur des personnes moins bien constituées, il suffit de causes moins actives pour produire d'aussi grands effets ; car en ce genre tout est proportionné au degré de mobilité des nerfs. Mais en prenant encore une disposition plus mobile du genre nerveux, telle qu'on la rencontre sur-tout chez tant de femmes de nos jours, il seroit facile de faire voir qu'il suffit souvent pour de certaines personnes d'une cause foible & légere pour les jetter dans des attaques de spasme, ou leur faire éprouver au moins différentes impressions.

C'eſt de cette grande diſpoſition à l'irritabilité, que tant de charlatans profitent pour jetter ſur leurs opérations une ſorte de merveilleux. Tous les moyens de la mettre en jeu leur ſont connus & familiers; & dans le choix de ces moyens, ils ne conſultent que les circonſtances & leur utilité. Paſſons en revue ces moyens tels qu'ils ont été employés à différentes époques. Un des plus ſûrs & que l'on a mis plus communément en uſage, eſt d'émouvoir le genre nerveux en agiſſant ſur les ſens & ſur le cœur. Dans les différentes ſcènes convulſives, ce ſont des femmes qui ont toujours joué le principal rôle, & l'on voit que dans ces pieces ridicules, il y a toujours eu mêlange des deux ſexes. C'eſt ce que reprochoit Hecquet (1) aux partiſans des convulſions de St. Médard.

____

(1) Voyez le Naturaliſme des Convulſions. Soleure, 1733, in-12.

G v

Les Convulfionnaires ne vouloient être approchées, touchées·, & fecourues que par des hommes ; elles refufoient d'autres témoins. Dans l'hiftoire de Loudun (1) c'étoit encore plus des perfonnes fufceptibles de ce genre d'impreffions qui occupoient la fcène. C'étoient des religieufes, des filles reclufes qui non - feulement par leurs geftes, mais encore par leurs propos, donnoient lieu de foupçonner que le trouble des fens entroit pour beaucoup dans les agitations dont on les voyoit travaillées : & fi l'on y réfléchit bien, après ce que nous avons dit de l'exceffive mobilité des nerfs dans les conftitutions nerveufes, quel empire ne doivent pas avoir fur de pareilles perfonnes,

____

(1) Voyez l'hiftoire des Diables de Loudun, ou de la poffeffion des Religieufes Urfulines, & de la condamnation & du fupplice d'Urbain Grandier, curé de la même ville. Amfterdam, 1740, in-12.

la vue, la préfence, l'approche, l'attouchement & les propos des hommes?

Un autre motif moins fufpect &
plus caché fe gliffe encore fouvent dans
ces jeux : c'eft une forte d'ambition
ou de defir d'occuper le public de foi,
de fixer l'attention, d'attirer les regards.
Hecquet comptoit encore cette caufe
au nombre de celles qu'il défignoit, en
regardant les convulfions de St. Médard comme naturelles. Et en faut-il
davantage pour monter la tète & échauf-
fer l'imagination de certaines perfonnes ?
Un vif defir en ce genre eft bien capable de produire un pareil effet, &
de porter le trouble dans des nerfs
que la plus foible agitation & la caufe
la plus légere fuffifent pour boul-
verfer.

Ajoutons ici comme l'un des moyens
les plus puniffables & cependant les
plus employés, les projets concertés,
la connivence, les convulfions enfin

factices & simulées. Car il faut le remarquer ici, les personnes sujettes à
la grande mobilité des nerfs, ont une
disposition singuliere à contracter l'habitude, à imiter le jeu de ces mouvemens & de ces crises. C'est ici qu'il
faudroit faire l'histoire de tant de scènes
du genre convulsif qu'on a vu se répéter à différentes époques. N'a-t-on
pas essayé mille fois d'établir par de
semblables moyens la réalité des *maladies par possession* ? N'a-t-on pas
donné les accidens de ce genre comme
tenant à des causes surnaturelles ? Mais
on a répondu suffisamment à ces prétentions. Voyez *le naturalisme des convulsions* par Hecquet; & la maniere
si victorieuse dont il a couvert de ridicule les tours de force du cime-
tiere St. Médard. Voyez aussi dans
ce genre l'*Histoire des diables de Loudun*. Les médecins de Montpellier
chargés de l'examen de cette affaire, ne

découvrirent-ils pas dans l'art des convulsions factices & fimulées, tout le fecret de ces prétendues poffeffions ? Ce fut dans ce dernier événement une trame ourdie pour fatisfaire des projets de vengeance & pour affouvir une exceffive cupidité. La perte du malheureux *Urbain Grandier* en étoit le principal motif. Heureufement il n'exifte plus de pareils abus du pouvoir, & des tems plus éclairés ont rendu le retour d'auffi grandes horreurs impoffible. Mais enfin avec moins de fcélérateffe, le même moyen peut encore être employé, & fervir, finon à faire des victimes, au moins à faire des dupes.

Ajoutons encore relativement aux affections nerveufes, qu'il n'eft aucune maladie plus contagieufe, quoiqu'elles le foient par un genre de communication qui leur eft particulier, par l'imitation. On connoît dans le corps humain cette singuliere disposition qui nous porte aux mouvemens imitatifs. Consultez sur ce point les auteurs (1) ; faites attention aussi à ce qui se passe dans le bâillement ; n'y est - on pas excité par la vue seule d'une personne qui l'éprouve ? Ne se sent-on pas porté à rire, par le seul aspect de personnes livrées à la joie ? Le vomissement n'est-il pas aussi provoqué souvent de cette maniere? Mais la même disposition se prête également à la production des accès ou crises convulsives : on connoît tout ce qui a été écrit sur les convulsions imitatives. Elles se communiquent par la vue seule & par

---

(1) Voyez M. de la Roche, *Analyse des fonctions du système nerveux.*

Abrah. Kaau Boerhaave, *impetum faciens*, cap. 9. *Consensus inter homines.* pag. 343.

Le Chevalier Digby, *oratio de pulvere sympathetico.* Theatr. sympath. in-4°. p. 107.

M. de Horne, *journal de médecine militaire.*

l'action de l'imagination frappée. On a mille preuves de ces sortes de contagions extraordinaires. L'exemple des filles Miléſiennes (1), celui de l'hôpi-

___

(1) Voyez *Plutarque.* C'étoit, dit *Hecquet* pag. 174, &c. une épidémie de vapeurs hyſtériques, dans laquelle ces filles pouſſées par la violence de leur imagination troublée, étoient emportées par la convulſion à ſe pendre. « La » contagion, ajoute-t-il autre part, de ces » imaginations déréglées, gagnant comme une » épidémie, les Miléſiens ne trouvèrent pas » de meilleur remède que de frapper les ima- » ginations des filles leurs concitoyennes, par » une autre paſſion ou affection de l'ame. Ce » fut celle de la pudeur, naturelle aux filles, » qu'ils crurent la plus propre à refroidir les » imaginations échauffées des leurs. Pour cela, » ces ſages Magiſtrats firent une Ordonnance » qui fut publiée par tout le pays, que toutes » les filles que l'on trouveroit pendues, ſe- » roient après leur mort expoſées toutes nues, » la corde au col, aux yeux de tout le monde. » Ce fut pour ces filles une imagination pour » l'avenir, c'eſt-à-dire, après leur mort, ſi

tal de Harlem (1) rapporté par Boerhaave , tant d'autres convulfions re-

---

» puiffante , que dorénavant aucune ne fe pen-
» dit ». Voyez *Réponfe à la lettre touchant
le devoir des Médecins* , &c. *au fujet des
miracles & des convulfions.* pag. 30.

(1) Kaau Boerhaave rapporte ainfi le fait.
Une jeune fille avoit contracté , à la fuite d'une
vive frayeur , une attaque convulfive qui revenoit par accès. Parmi fes compagnes qui fe
trouvoient préfentes à fes convulfions, ou qui la
fecouroient alors , bientôt une , enfuite une
autre , & ainfi fucceffivement toutes fe trouvèrent attaquées. On employa inutilement tous
les remedes indiqués en pareil cas ; & l'on eut
recours à Boerhaave , qui ne trouva d'autre
moyen pour faire ceffer cet accident que
d'effrayer vivement les malades. Il fit apporter
plufieurs rechauds remplis de charbons ardens ,
& plufieurs inftrumens de fer façonnés pour
être appliqués en forme de cautères. Il annonça
enfuite qu'il ne connoiffoit d'autre remede
contre les convulfions qu'il venoit d'obferver ,
que de faire appliquer fur le moment , à celles
qui en feroient attaquées , un fer rouge fur le
bras dans une place qu'il eut foin de défigner.

gardées comme contagieuſes & épi-
démiques, que l'on a vu ſe répandre
ſur un grand nombre de perſonnes
dans des hôpitaux, dans des garniſons,
parmi des hommes & des femmes,
& que l'on a toujours fait ceſſer ſi
complettement par des menaces vives
ou des punitions exemplaires ; tous
ces faits qu'il ſeroit trop long ici de
rapporter, ne prouvent-ils pas combien chez les femmes nerveuſes, ſur-
tout en les réuniſſant enſemble, il eſt
peu étonnant de voir ſurvenir des convulſions au plus grand nombre d'entre
elles, ſi une ſeule commence à en
éprouver ? Ces mêmes faits prouvent
encore combien il eſt facile de s'abuſer
ou plutôt d'en impoſer ſur les affections convulſives, & en général ſur les

---

Cette menace prononcée avec l'air impoſant
qui lui étoit ordinaire, produiſit tout ſon effet.
Voyez *impetum faciens.* pag. 355.

maladies nerveufes & tous les accidens de ce genre. Car ne fuffit-il pas d'une perfonne dreffée aux convulfions, pour y faire tomber en même tems plu-fieurs autres qui font difpofées à en éprouver, & quelle reffource offerte ainfi à la fourberie ?

Mais c'eft fur-tout en parlant à l'imagination qu'il eft facile de mettre les nerfs en jeu chez des perfonnes ainfi conftituées; & fi l'on réfléchit bien à ce que nous avons dit, qui ca-ractérife au moral comme au phyfique l'état d'affection nerveufe , hypocon-driaque & vaporeufe, eft-il étonnant, qu'une perfonne douée de cette conftitu-tion , fi la perfuafion la gagne, fi l'on monte fon imagination , éprouve des im-preffions fenfibles d'un moindre gefte, d'un regard, d'un attouchement auquel fon efprit prévenu attribue un pouvoir fecret ? C'eft ainfi que dans la magie ancienne on prétendoit guérir par des paroles, par le fouffle, par un toucher myftérieux & des gefticulations bizarres (1). Cet effet fera bien plus fûr encore fi l'on employe des procédés impofans & véritablement extraordinaires. Ne fait-on pas que dans les diverfes religions anciennes & modernes, il y a eu des guérifons merveilleufes, opérées fur des perfonnes frappées par la

---

(1) Notandum autem obiter eft quod turpis lucri avidum & imperitum vulgus, affectans deindè veram philofophiam technis, ftrophis, peffimis fraudibus, qui non erant, magos fefe jactaverunt; dùmque gefticulationibus ftultiffimis morbos curare poffe fefe perhibent, magiam falfam pfeudo-medicinæ fuæ adjunxerunt; undè utraque ex eventu ut plurimùm infelici fuerit explofa. Lubens fateor, non femper quærenda eft medicina ex medicâ materie, per pharmaca; quandòquidem & animi excitando intentionem, menti infigendo imaginationem, atque ejufdem motus irritando, fedandoque, illa paratur, &c. &c. *Impetum faciens.* pag. 368.

pompe des cérémonies ? l'Hiſtoire nous en fournit mille exemples. Qui ne connoît pas l'impreſſion que produit cet auguſte ſpectacle, & qui n'a pas éprouvé une forte de faiſiſſement accompagné d'un ſentiment de conſtriction intérieure à la vue de ces ſolemnités ? Mais pour les perſonnes ſenſibles & nerveuſes, il n'eſt pas néceſſaire de recourir toujours à d'auſſi grands moyens pour les troubler & les jetter dans des ſpaſmes & des criſes. Ces ſortes de perſonnes vont pour ainſi dire, au devant des effets qu'elles s'attendent à éprouver. C'eſt alors un état de vibratilité des nerfs portée au plus haut degré, & dès-lors le principe interne, ou l'imagination a ſur eux le même empire que les objets ou les cauſes extérieures. Ne connoît-on pas des perſonnes, des femmes tellement irritables, qu'en ſe livrant ſeulement à des penſées laſcives, à des réflexions fensuelles, elles en éprouvent des impreffions extraordinaires ? Préfentez à ces ames foibles des objets de ce genre, entretenez-les de propos libres, & vous opérerez fur elles des effets très-réels. Mais que diroit-on d'une perfonne qui profitant de ces facilités & couvrant fon jeu fous des dehors adroits, annonceroit qu'elle difpofe du principe particulier employé par la nature pour allumer le feu de l'amour entre les deux fexes, & qui s'annonceroit comme parvenu au point d'en tirer les avantages qu'on pourroit en attendre pour fervir nos goûts & nos befoins ? C'eft dans un genre un peu différent la même maniere d'agir abfolument que préfentent toutes les fcènes des impofteurs. C'eft en parlant à l'imagination par des procédés finguliers, en la frappant par des objets extraordinaires, qu'ils s'en rendent les maîtres, & c'eft

fur-tout dans les affections nerveufes
qu'ils y réuffiffent. C'étoient ainfi des
épileptiques & autres malades de cette
efpece que Gaffner, difoit-on, guériffoit.
Mais ne fait-on pas combien le moral
influe fur les affections de ce genre ?
En frappant vivement les efprits, en
s'entourant de cérémonies & d'un appareil religieux (1), étoit-il étonnant

---

(1) On le repréfentoit agiffant ainfi dans
fes opérations ; ayant un Crucifix à droite, le
côté gauche vers une fenêtre, & la face
tournée vers les affiftans. Il portoit à fon col
une étole (ftola rubella) de couleur rouge,
& une Croix fufpendue par une chaîne d'argent. Elle contenoit, fuivant lui, un morceau
de la vraie croix. Une ceinture noire entou-
roit fes reins. Il ne portoit pas toujours cet
appareil, mais fouvent il paffoit des jours entiers dans fa chambre, ainfi décoré. Si les médecins fe préfentoient avec des perfonnes de dif-
tinction, il les invitoit à affifter à fes opérations.
Le malade fléchiffoit le genouil devant lui ; il
lui demandoit le nom de fon pays & de fa

qu'il hâtât ou fufpendît quelquefois le retour des accès ? Car on doit remarquer qu'il n'y avoit que cet effet d'annoncé. Ces maladies étant fujettes à de longs intervales de calme, on n'a pu s'affurer s'il y avoit eu autre chofe qu'une fimple fufpenfion des accidens; ou plutôt on a eu la preuve du contraire pour le plus grand nombre des cas (1).

___

maladie ; il l'excitoit à avoir confiance au nom de Dieu, &c. *De Haen. Ibid.*

(1) De Haen rapporte que les cures atteftées ne pouvoient rien apprendre, finon que quelquefois les accès de la maladie avoient ceffé lors des exorcifmes, mais non pas qu'ils n'étoient point revenus par la fuite; d'autant plus, ajoute-t-il, que ces maladies font de celles que les malades n'éprouvent qu'une ou deux fois par an, & même une feule fois en trois ans; telles que la goutte, l'afthme, la colique, l'épilepfie, la catalepfie, la migraine, &c. Il s'en falloit bien d'ailleurs que le fuccès répondît toujours aux traitemens. Le Cardinal de Roth rapporte dans une de fes lettres que

Mais c'eſt ſur-tout dans la criſe même du ſpaſme que s'établit cette exceſſive mobilité des nerfs qui les rend ſuſceptibles des plus vives impreſſions par les cauſes les plus foibles. Nous en avons déjà donné quelques exemples. Eſt-il rare de voir alors la vibratilité du genre nerveux portée ſi loin, que de marcher même ſur le parquet à pieds nuds, affecte vivement l'ouïe de ces perſonnes? Une lumiere trop vive, un bruit aigu, un ſon aigre, les affectent déſagréablement & ſuffiſent ſouvent pour redoubler leurs convulſions, la vue du

---

ſon ſuffragant lui avoit écrit que les cures dont Gaſſner s'étoit vanté auprès de lui, n'étoient point telles ſur les lieux. Les Protocoles Epiſcopaux font foi auſſi qu'un grand nombre de cures avoient été imparfaites ou n'avoient pu avoir lieu. Enfin, on eut l'aſſurance que, ſi chez quelques malades les accès n'étoient pas revenus, un grand nombre d'autres avoient éprouvé un effet contraire. *De Haen. Ibid.*

jour

jour même les incommode, de certaines odeurs les bleſſent. Il en eſt ainſi du moral quand une fois il eſt mis en jeu. Qui ne connoît pas les ſinguliers effets de la peur? Une femme, un enfant ſaiſis de frayeur, dans les ténebres ſur-tout de la nuit, ne ſont-ils pas émus par les plus foibles impreſſions? Le frémiſſement d'une feuille, le bruit d'une porte, quelqu'autre ſon, ne les jettent-ils pas dans des tranſes horribles? Comme les palpitations, l'émotion, les tremblemens, la ſueur froide ſurviennent vîte? On remarque la même choſe ſur certains animaux timides. Comme un bruit imprévu les tient inquiets & les agite? Par une cauſe aſſez forte, on produit un effet pareil ſur des hommes mêmes raſſemblés. Qu'on en juge par ce qui arrive à des corps de troupes que l'épouvante met en fuite. Dans ces terreurs paniques, eſt-ce autre choſe ſouvent

H

qu'une imagination frappée qui met ainsi des armées en déroute?

Il n'y a que les affections nerveuses qui soient soumises à cet ordre d'effets, qui se prêtent à l'action de pareilles causes. Aussi remarque-t-on que ce sont-elles qui ont fait le fonds de toutes les impostures. Les convulsions de St. Médard, les possessions de Loudun n'étoient-elles pas de ce genre? Voit-on dans aucunes des scènes jouées ainsi avec appareil, des effets d'un autre ordre produits (1)? Pourquoi n'étoit-ce pas aussi bien des maladies aigues & febriles, des ulceres ou des playes répandus sur tout le corps, guéris subitement, se reproduisans ensuite successivement, pour offrir le ca-

____

(1) C'étoit principalement aussi des affections de cet ordre que Gassner mettoit au nombre des maladies qu'il pouvoit guérir; telles sont l'épilepsie, la catalepsie, les convulsions, la paralysie, &c.

ractere furnaturel & fe cicatrifans auffi-
tôt ? Ces affections ne peuvent être
de même fimulées, & dans leur production l'imagination ne peut avoir aucune part. Le pouvoir du bienheureux
Saint, celui des diables, ne pouvoit-il
pas auffi bien s'annoncer par de pareils
fignes, & n'étoit-ce pas ainfi que fur
Job la colere divine s'étoit manifeftée?
Mais pour peu qu'on veuille y réfléchir,
on verra que les affections nerveufes,
par-deffus toutes les autres, offrent
les moyens les plus sûrs & les plus
variés de féduction; & fi elles ont été
préférées par les impofteurs, il eft facile de fentir que c'eft parce qu'elles
préfentent les moyens les plus puiffans
d'en impofer aux ignorans & de frapper les efprits.

Elles ont été en effet dans tous les
tems un objet de furprife, d'étonne-
ment & d'effroi même pour les gens peu
inftruits, & le fpectacle qu'elles offrent

H ij

pour l'ordinaire étoit bien fait pour inspirer de pareilles impressions. Quelle prodigieuse énergie, quelle étonnante variété de mouvemens, quels troubles inconcevables n'offrent-elles pas ? Est-il surprenant que dans les premiers tems où ces phénomenes ont été observés, on les ait crus d'un ordre au-dessus de la nature, & qu'on les ait regardés comme produits par des causes surnaturelles ? Il en étoit ainsi parmi les anciens, comme le prouve le nom de *maladie sacrée* donné alors à l'épilepsie, & en général on donnoit le même nom à toutes les affections du même genre, c'est-à-dire éminemment convulsives. Hippocrate le dit formellement : il parle de cette opinion comme d'un préjugé vulgaire, répandu de son tems, & l'on a lieu de croire que c'étoit dans l'ancienne magie, ou l'art des enchantemens, qu'elle avoit pris naissance. C'étoit au moins par de semblables agitations que dans le paganifme les faux prêtres annonçoient au peuple la préfence du Dieu qui les infpiroit.

Depuis ces tems très reculés la même opinion s'eft toujours perpétuée plus ou moins fenfiblement jufqu'à nous ; & en cela il n'y a rien d'étonnant, quand on confidere que dans ces crifes ou agitations convulfives les mouvemens étant de beaucoup fupérieurs à ceux que dans l'homme le plus vigoureux pourroit exercer la volonté ; qu'étant fouvent fort au-deffus de la force naturelle connue du fujet , enfin que naiffant fouvent fans caufe fenfible ou n'en ayant qu'une avec laquelle elles ne paroiffent avoir aucune proportion, on a dû être porté naturellement, par le fpectacle effrayant fur-tout, & le caractere de phénomene extraordinaire que ces crifes préfentent, à les regarder comme produites par une caufe foit divine , foit au moins d'un ordre

ſupérieur. Mais c'eſt ſur-tout par rapport au ſexe que cette opinion doit
paroître encore mieux fondée, les caracteres qu'offrent les mouvemens de
ſpaſme étant encore plus marqués dans
les accès de convulſion que les femmes
éprouvent ; c'eſt-à-dire ces mouvemens
par leur violence devant paroître chez
elles bien plus diſproportionnés à la
force de l'individu, & à la cauſe quel_
conque qui paroît les avoir produits.
Eſt-il ſurprenant que pour le peuple qui
n'eſt pas inſtruit, on faſſe paſſer des
accès ſemblables d'affections convulſives pour des marques de poſſeſſion,
ou de la colere divine, lors ſur-tout
que la cauſe qui les produit étant cachée, les perſonnes qui en ſont
agitées étant en certain nombre, &
ces convulſions enfin ayant une grande
violence, elles forment ainſi ſous ces
rapports un vrai ſpectacle aux yeux
de la multitude? Mais ne peut-on pas

en tirer parti également pour annoncer dans un autre ordre de chofes une
grande caufe phyfique, & relativement
au magnétifme moderne ce foupçon ne
pourroit-il pas paroître fondé?

Si l'on jugeoit d'après ces réflexions
le fyftême de M. Mefmer, il eft
évident qu'on s'en formeroit une idée
défavantageufe, & cependant il femble
qu'on pourroit lui en faire une forte
d'application. En faifant attention au
choix de fes moyens, on croit y appercevoir une finguliere conformité avec
ceux dont nous venons de parler dans
le moment, & cette apparence de
reffemblance & d'analogie eft bien faite
pour infpirer quelque défiance. Mais
cette conformité n'eft-elle qu'appa-
rente? Ou du moins eft-elle trop légere pour qu'on doive la négliger?
C'eft ce que j'ai cru qu'il pouvoit être
utile d'examiner ici. Ce font de fimples réflexions que je vais me permettre,

H iv

& en les expofant ainfi que je l'ai dit, je ne les préfenterai que comme autant de doutes que l'on pourroit propofer contre les affertions de M. Mefmer.

D'abord on peut remarquer que c'eft la même prétention qu'il met en avant, celle de guérir par des moyens auffi extraordinaires que fimples & faciles, les maladies les plus graves comme les plus rébelles ; en un mot de poffèder le fecret de la médecine univerfelle. C'eft de même auffi par une théorie fpécieufe & extraordinaire qu'il paroît chercher à l'établir, & cette théorie quoique différente en quelques points de toutes celles qui ont précédé, eft cependant tirée de l'une des deux principales fources où toutes les autres ont été puifées ; telle eft l'aftrologie judiciaire. Le magnétifme univerfel en effet derive fi effentiellement de cette fource antique, qu'il paroît n'être que cette même opinion renouvellée.

Mais fous cette théorie plus phyfique en apparence, on pourroit dire qu'il n'en auroit pas moins caché des principes très-impofans, des prétentions très fingulieres & faites pour étonner. En effet l'homme, comme un nouveau Promethée, tient en fon pouvoir & manie à fon gré le principe créateur de toutes chofes, le principe modérateur de l'univers. M. Mefmer fur-tout, maître abfolu de ce fluide, libre de le gouverner à fon gré, agit fur fes femblables d'une main toute puif-fante. Sa préfence femblable à celle de la divinité, opere fur les individus qui l'entourent. Le bien & le mal font dans fes mains. La fanté & les maladies font départies à fa volonté. Chaque homme enfin eft imprégné d'une portion de ce pouvoir ou de cet agent célefte, par lequel il agit inévitable-ment fur fes femblables. Ce principe eft un foyer d'action réciproque agiffant

H v

entre les personnes rassemblées. Il se réfléchit par les glaces, il se propage par le son ; les regards le renvoyent, les attouchemens le transmettent, la seule proximité le propage. C'est enfin une nouvelle chaîne qui unit les êtres animés entr'eux, & qui liant les spheres célestes à notre globe, embrasse ainsi la nature qu'elle soutient, anime & conserve, dans sa vaste étendue. Qu'on réfléchisse bien à ces prétentions, & l'on verra si sous les dehors d'une théorie assez physique en apparence, ce ne sont pas les plus puissans moyens de séduire & de frapper les esprits qu'on pût imaginer & employer dans ce siecle, qui sont indiqués.

Mais enfin, dira-t-on, il y a des effets qui déposent en faveur de cette doctrine. Mais aussi pourra-t-on repondre, ces faits ne sont-ils pas du genre de ceux qui ont occasionné l'illusion dans toutes les impostures con-

nues ? En frappant vivement les efprits
par la fingularité de fes opinions,
en infpirant une confiance proportion-
née, M. Mefmer n'agit-il pas fur le
phyfique par une fuite de cette action
fur le moral ? Ne fait-il pas luire à
l'efprit de bien des malades un efpoir de guérifon inattendu, qu'une conftitution dépravée, pour ainfi dire, dans
fon principe, les condamne à éprouver? Cette caufe eft-elle fans effets
falutaires ?

Ajoutons que n'employant dans fa
méthode aucun remede actif, il peut
fe faire par cela feul que certains malades que les médicamens fatiguent ou
qu'ils ont épuifés, éprouvent quelque
bien pendant fes traitemens. N'arrive-t-il
pas fouvent qu'on employe les remedes
à tort, qu'on trouble la nature qui,
plus puiffante qu'eux dans de certaines
maladies, les guériroit, fi on les aban-
donnoit à fes foins ? Mais en ceffant

ces fecours contraires, en quittant l'art qui nuit pour adopter une méthode purement expectative, M. Mefmer n'a-t-il pas, fans qu'il y employe aucun moyen, aucun procédé particulier, un nouvel ordre d'effets qui le fervent bien?

Mais M. Mefmer ne fuit pas à la rigueur cette médecine purement expectative. Il admet quelques-uns des remedes ordinaires, dont il fait ufage comme de moyens fecondaires dans fa méthode. Mais en les préfentant ainfi, ne jette-t-il pas dans l'illufion? Ont-ils vraiment auffi peu de part aux fuccès quelconques de fes traitemens que M. Mefmer l'annonce, & que la plupart des malades femblent le penfer? La crême de tartre fi privilégiée parmi les autres remedes, & dont M. Mefmer fait faire un fi conftant ufage, n'eft-elle pas un des médicamens qui conviennent fous un plus grand nombre de rapports? Comme laxative, elle procure le rafraîchiffement & le fentiment de gaieté, de dégagement que produit le bon état des entrailles; comme acide, elle eft antiputride, elle donne au fang & aux humeurs plus de confiftance, elle eft diurétique, elle aiguife l'appétit & tempere les ardeurs d'entrailles des hypochondriaques. L'obfervation a appris qu'elle a quelquefois fuffi feule pour diffiper des hydropifies. La teinture de Mars foluble que M. Mefmer avoit auffi employée, ne paffe-t-elle pas pour un remede qui convient dans un grand nombre de cas ? Ajoutons que M. Mefmer ordonne affez fréquemment les bains, & que leur utilité dans un grand nombre de circonftances eft affez connue. On peut même remarquer à ce fujet qu'il femble que M. Mefmer ait cherché à flatter le goût de fes malades dans ce choix. La crême de tartre & les bains font des remedes agréables,

M. Mesmer les admet, & il blâme
au contraire les cautéres qui sont dé-
goûtans & à charge. Enfin dans des
cas particuliers M. Mesmer joint à ces
moyens les secours les plus efficaces
& les plus usités en médecine, les
saignées, les purgations. Mettra-t-on
encore sur le compte de sa méthode
particuliere, les effets sensibles & très-
réels que ces moyens ordinaires peuvent & doivent produire ? Mais plutôt
pourquoi M. Mesmer ne les bannit-il
pas, & quel besoin peut-il en avoir avec
l'agent universel ?

Mais c'est sur-tout dans les secours
moraux, dans les moyens d'un genre
agréable, que l'on pourroit dire que
M. Mesmer cherche à s'assurer des
succès sensibles. Chez lui les malades
sont traités en commun, & les personnes sont assorties aux traitemens selon leur goût & leur rang. Dans ces
rapprochemens & ces réunions, l'en-

thousiasme s'accroît & se fortifie , & c'est sous ce rapport peut-être qu'il est vrai de dire avec M. Mesmer que le magnétisme se renforce par la communication. C'est enfin une maniere d'être, qui alliant à la liberté de la vie privée une partie de l'appareil qui accompagne les assemblées publiques , pique autant par la nouveauté de ce spectacle , qu'elle convient bien par l'agrément qu'elle procure. C'est une sorte de divertissement ou de distraction au moins dont tant de personnes ont besoin , & les effets qui en résultent ressemblent assez à ceux que l'on observe dans les circonstances où quelques parties de plaisir nouvelles font goutées & suivies. Dans ces tems de fêtes que ramene constamment chaque année, combien ne voit-on pas diminuer parmi les gens du monde le nombre des personnes malades d'ennui ou de désœuvrement ? C'est une remarque que font les médecins obfervateurs. M. Lorry citoit en ce genre un exemple auffi fin- gulier que frappant. Dans des circonf- tances de malheurs ou d'évenemens fâ- cheux au contraire, on voit augmen- ter le nombre des perfonnes qui font affectées de vapeurs & de mélancolie. En général, la fanté publique fuit dans quelques rapports les viciffitudes du bon- heur commun. L'empire du moral fur nos corps eft le moyen de cette influence réelle, & qui mérite fur-tout d'être obfervée. Mais reprenons notre difcuffion. Aux pratiques agréables du traitement en lui-même, M. Mefmer joint encore d'autres fecours non moins efficaces du même genre. On l'a vu tranfporter fes malades hors de la ville & les faire jouir dans des maifons choi- fies de tous les agrémens de la cam- pagne. Ne pourroit-on pas foupçonner que fon féjour à *Creteil*, n'avoit pas un autre but que de profiter des avantages que lui procureroit le bien que fait toujours l'air pur des campagnes à des malades épuisés par le séjour des villes ? D'ailleurs l'exercice, les déplacemens dont il fait à ses malades une sorte de nécessité pour se transporter chez lui une ou deux fois le jour , n'ont-ils aucun effet ? Combien de femmes mélancoliques , uniquement malades par leur opiniâtreté à rester chez elles , & qui se sentent mieux de cela seul qu'elles prennent l'air ? Car il faut ici sur-tout bien le remarquer ; c'est chez M. Mesmer que les traitemens ont lieu. Il faut donc sortir, se mettre en mouvement , s'occuper des détails d'une toilette, s'animer enfin par cet objet ; & combien de malades se trouvent peut-être mieux de la course qu'ils font chez leurs médecins que des avis qu'ils y reçoivent. D'ailleurs les courses des malades chez M. Mesmer , ne font-elles pas pour la plûpart d'entr'eux des occasions de visites, de courses plus longues & de dissipation? Mais il est encore un moyen aussi puissant pris dans la classe des secours agréables & qu'employe M. Mesmer; c'est la musique. On sait le pouvoir qu'elle a sur les ames. Son action d'abord considérée au physique ébranle les nerfs qu'elle entraîne dans des oscillations douces & agréables. L'ame affectée réagit sur le corps, & les organes en sont animés d'une maniere plus ou moins sensible. M. Mesmer n'a point méconnu ce puissant moyen d'action. Il touche d'une maniere supérieure de l'harmonica; il sait en tirer des sons qui vont à l'ame. Ne pourroit-on pas dire qu'avec cet instrument il essaye en quelque sorte ses malades, qu'il sonde leur tempérament; que la grande sensibilité aux sons de l'harmonica lui décéle des nerfs très-mobiles, un moral très-sensible, une constitution très-irritable & très-exaltée, & que sans doute il n'ignore pas ensuite l'art d'en profiter? Les séances d'ailleurs n'ont pas lieu sans musique; un orcheftre placé convenablement auprès des salles exécute des symphonies agréables pendant le traitement. Eft-ce là ce que M. Mefmer appelle le magnétifme animal? Sont-ce fes effets que ceux qui font produits de cette maniere? Mais il n'eft pas befoin d'un fluide univerfel pour en opérer ou en expliquer la production.

Ce que nous venons de dire jufqu'ici, & les caufes que nous venons d'indiquer peuvent très-bien expliquer un premier ordre d'effets qu'on cite du traitement de M. Mefmer. Ce font ces foulagemens ou réels & très-foibles, ou apparens & d'imagination, que plufieurs perfonnes fe félicitent d'avoir éprouvés. On rapporte que ce font furtout les perfonnes fouffrantes d'un eftomac languiſſant , qui ſe trouvent bien des opérations du magnétiſme. Mais qui ne ſait pas que l'imagination a ſur-tout le plus grand empire ſur les fonctions de ce viſcere ; qu'une vie plus active , une exiſtence plus agréable , l'exercice , les plaiſirs , la diſſipation ſuffi- ſent pour ſuſpendre les maux de ce genre, comme en général tous les accidens nerveux dépendans d'une vie oiſive & monotone ? Combien de femmes peut- être doivent à la même cauſe l'eſpece de bien-être & de vigueur qu'elles at- tribuent au magnétiſme , & que leur pro- curent le plus grand exercice qu'elles font , les plaiſirs qu'elles prennent , l'eſ- poir ſur-tout dont elles ſe nourriſſent de ſe voir rendues à la ſanté ? L'uſage de la crême de tartre , les bains , &c. ne peuvent-ils pas auſſi y contribuer , au moins pour les tempéramens hypocon- driaques , mélancoliques & bilieux ? Il ſeroit facile d'expliquer ainſi peut-être

un très - grand nombre de ces guérifons réputées réelles , quoiqu'elles ne
foient qu'apparentes & qu'on regarde comme véritablement magnétiques.
Mais ce ne font pas là les effets les
plus fenfibles que l'on produit à l'appui du magnétifme. Il en eft de plus
frappans & du moment, que l'on voit
furvenir aux malades pendant les féances
aux traitemens ; il en eft d'autres encore
plus particuliers & que femblent produire les procédés employés pour magnétifer fucceffivement les différentes
perfonnes. Telles font ces impreffions de
froid & de chaleur, ces fueurs paffageres & fubites , enfin ces crifes ou
convulfions qui font auffi violentes
qu'imprévues.

Mais peut-être n'eft il pas auffi difficile qu'on le penfe de faire voir que
ces effets n'ont pas pour établir l'exiftence du magnétifme animal toute la
force & la valeur qu'on leur fuppofe ;

& pour en avoir la preuve, on doit
fur - tout remarquer fur quelles perfonnes & dans quelles maladies M.
Mefmer produit ainfi ces effets fi frappans du magnétifme. D'abord on re-
marquera que ces effets portent évidemment tous les caracteres des accès
convulfifs, vaporeux & hyftériques;
que c'eft fur-tout les femmes, en général les perfonnes du fexe, & celles
plus particulierement encore qui ont
un tempérament très-fenfible, très-irritable; en un mot les perfonnes nerveufes, hypocondriaques & vaporeufes,
qui font fenfibles à l'action de cet
agent prétendu. Mais ne font-ce pas
là les perfonnes fur l'imagination defquelles il eft plus facile de prendre de
l'empire, & dont la prévention eft fi
fingulierement capable de changer l'état
des nerfs? Faifons encore une remarque:
c'eft que M. Mefmer a diftingué un
ordre de fujets qu'il appelle *anti-magné-*

tiques. Mais ne pourroit-on pas dire que ce feroit pour excufer le défaut de fuccès fur les perfonnes qui, n'ayant ni l'imagination ardente, ni les nerfs mobiles, n'éprouvent ainfi nul effet d'un agent, dont on prétend cependant que dans la nature l'action eft univerfelle ? Quel foupçon cette remarque ne donneroit-elle pas fur le compte du Magnétifme ? Mais après avoir écarté ainfi les malades, dont la conftitution ne fe prête pas au jeu de l'imagination, & le choix des perfonnes qui conviennent une fois fait, refte-t-il donc tant de difficultés à produire ces effets réputés extraordinaires que l'on attribue au magnétifme animal ? Ajoutons que c'eft fpécialement aux traitemens que ces effets ont lieu, & conféquemment fur des perfonnes dont le moral eft monté ; car c'eft une confiance bien décidée qui les amène. Mais fur des conftitutions ainfi exaltées au moral comme au phyfique, eft il donc fi difficile d'exciter & de faire naître des impreffions ? N'en avons-nous pas indiqué différens moyens; & ne pourroit-on pas foupçonner que M. Mefmer les met en pratique ? C'eft ce qu'il s'agit ici d'examiner.

Nous avons dit plus haut que l'on a fouvent employé d'une maniere fe-crette des moyens ordinaires, & peu connus, pour tromper & répandre l'il-lufion. On connoit tous les tours des joueurs de cartes & de gobelets; on connoit auffi en phyfique tant de pro-cédés que l'on employe pour produire, par des agens cachés, des effets qui femblent tenir du prodige. Les effets merveilleux que l'on annonçoit du ma-gnétifme animal, n'ont-ils pas dû don-ner lieu de former d'abord le même foupçon fur M. Mefmer ? On a pu croire pendant quelque tems qu'il employoit l'aimant. Il eft notoire qu'il s'en eft fervi très-publiquement à Vienne, vers 1774,

en

en fuivant alors les procédés indiqués par les obfervateurs, & notamment le pere *Hell*. Ces effais furent fuivis de quelques guérifons qu'on ne peut con- tefter. M. Mefmer, ainfi que les mé- decins de fon tems qui avoient em- ployé l'aimant, en obtint des fuccès fenfibles. Mais ayant produit alors tous les mêmes effets qu'il prétend opérer maintenant, n'a-t-on pas pu croire qu'en paroiffant renoncer à l'ufage de l'aimant, il n'avoit cependant pas ceffé de l'em- ployer ? Il n'y a pas de fubftance plus fufceptible d'être cachée, & d'agir fans être vifible. On peut porter des aimans fur foi, les appliquer à fes poi- gnets, fous la chemife, & les mettre ainfi à portée d'agir en touchant des malades. On peut placer d'ailleurs fous les parquets, derriere les murs, dans des meubles creux, des armoires, de forts aimans artificiels, dont l'action fe dirigeant à travers les corps les plus folides , & s'étendant à des diftances de douze à quatorze pieds, peuvent remplir un appartement de fluide magnétique, & agir d'un côté à l'autre d'une vafte piece (1). Tant d'avantages réunis dans les pieces d'aimant pouvoient fans doute faire foupçonner qu'ils entroient pour quelque chofe dans les procédés du magnétifme animal. On pourroit dire la même chofe de l'électricité. On a cru même découvrir, ainfi que nous le dirons bientôt, dans un mélange que l'on regardoit comme propre à réunir l'action de ces deux agens , les procédés & le fecret de M. Mefmer. Mais , ayant expreffément déclaré qu'il n'emploie ni l'aimant, ni l'électricité dans fa méthode,

----

(1) Voyez le rapport fur les aimans artificiels de M. l'Abbé le Noble, que j'ai rédigé conjointement avec M. Andry. — Extrait des regiftres de la Société Royale de Médecine, &c. &c.

on ne peut fe difpenfer de l'en croire
fur fa parole , parce que , s'il ne l'avoit
point tenue, il en réfulteroit un faux in-
digne d'un homme honnête , & véritablement impardonnable.

Il eft encore un autre moyen d'action à l'aide duquel il eft facile de
repandre l'illufion , que l'on paroît
avoir foupçonné dans les procédés de
M. Mefmer ; c'eft l'exiftence & l'action que l'on reconnoît aux différentes
émanations. On n'ignore point qu'on
peut imprégner le corps humain de
différentes matieres ou fubftances qui
deviennent pour lui autant de foyers
d'émanations artificielles ; on en connoît même plufieurs par lefquelles il
femble qu'on pourroit produire de
cette maniere différens effets analogues
à ceux que l'on attribue à M. Mefmer. Telle eft cette liqueur dont parle
Boyle & dont nous avons dit plus
haut qu'il fuffifoit de fe frotter les mains

pour purger une perſonne à laquelle
on la donnoit à toucher. Depuis une
époque plus moderne on a connu &
employé de ſemblables ſubſtances (1).
On en a indiqué même pour produire

(1) M. le Duc de la Rochefoucaud a remis der-
nierement à la Société, un échantillon de poudres qui lui avoient été envoyées de Bretagne.
L'une de ces poudres eſt blanche, & l'autre
griſe. On attribue à la premiere la vertu de
purger ; à la ſeconde celle de calmer toutes
les douleurs, excepté celles de la goutte.
La maniere de s'en ſervir conſiſte à s'en frotter
les mains avec une priſe. On attribue d'ailleurs à un Chirurgien connu trois eſpeces
d'eaux avec leſquelles il ſuffit de ſe frotter
les jambes, les cuiſſes ou les bras pour être
purgé. La doſe eſt d'une cuillerée. On aſſure
que pluſieurs perſonnes s'en ſont ſervies avec
avantage. L'une de ces liqueurs a été analy-
ſée. On n'a pu découvrir quel en étoit le
principe. On ajoute qu'elle n'a ni couleur,
ni odeur, ni ſaveur, &c. On connoît d'ailleurs en ce genre les onguents avec leſquels
on frotte le ventre des enfans pour les pur-

un autre effet que de purger, pour af-
foupir toute efpece de douleurs, excepté
celles de la goute : on doit remarquer
cependant qu'il paroît que ces dernieres
ne font propres qu'à opérer des effets
fur les perfonnes mêmes qui s'en im-
pregnent en fe frottant différentes parties du corps. Mais on a plus particulierement crû découvrir le fecret de M.
Mefmer dans la compofition de certaines poudres ou mêlanges par lefquels on penfe qu'une perfonne peut
agir fur les individus qui l'entourent.
Tels font ces bâtons de foufre, ces
mêlanges de foufre & de limaille de
fer dont on a tant parlé, & cette
compofition plus ancienne dans laquelle
l'aimant en poudre étant foumis à l'action de l'électricité, on croyoit pouvoir réunir la vertu de ces deux prin-

---

ger, & tuer les vers ; tel eft l'onguent d'*Ar-
thanita*.

cipes. C'étoit en se frottant les mains avec ces mélanges, en s'imprégnant de leurs émanations qu'on pensoit pouvoir acquérir la faculté d'agir par le simple attouchement, & si l'on se rappelle que Gassner, avant ses opérations, se frottoit fortement les mains sur son mouchoir & sa ceinture, on pourra croire que ces présomptions avoient quelque fondement. Seroit-ce un moyen de ce genre qu'employeroit M. Mesmer ? Mais il y a des raisons pour ne pas le présumer. Plusieurs personnes dont on ne peut revoquer en doute la bonne foi, produisent tous les jours les mêmes effets que l'on attribue au magnétisme animal, & n'employent point de pareils moyens.

Mais ne seroit-ce pas plutôt la matiere de la transpiration qui agiroit dans cette méthode? On ne peut nier l'existence de cette humeur insensible qui s'exhalant continuellement de nos pores nous environne d'une atmofphere particuliere. Pourquoi cette fubftance n'auroit-elle pas fon action propre & d'autant plus réelle fur les nerfs qu'elle eft dans un état vraiment *vaporeux* ? Pourquoi n'en auroit-elle pas plus particulierement, fur-tout dans de certains individus, chez lefquels fa préfence, fon exiftence, fa plus grande activité fe décelent par une odeur particuliere ? Ne varie-t-elle pas auffi dans les différentes parties du corps de l'homme ? En général, les émanations des corps ont une exiftence très-réelle, & forment dans la nature une des plus puiffantes caufes d'action qu'elle employe. Il faut confulter fur ce point fi important en phyfique le traité de Boyle *de mirâ effluviorum fubtilitate.* Ces émanations, au refte ont une action fenfible fur différens animaux & même à ce qu'il paroît fur certains individus. N'eft-ce pas par leur moyen que le chien reconnoît les traces de l'animal qu'il chaffe ou de fon maître qu'il fuit ? Nous ne parlons point ici de ces hiftoires qu'on raconte de perfonnes qui ayant de l'antipathie pour de certaines chofes, pour certains animaux, fe trouvent mal, dit-on, en entrant dans des appartemens où fe trouvent ces objets de leur averfion, qu'elles ne fentent que par une émanation d'ailleurs infenfible par toute autre perfonne. On cite fur-tout en ce genre l'exemple de femmes qui tombent en fyncope par-tout où fe trouve un chat, ou une fouris, même fans les avoir vus. Ces faits cités encore de nos jours, & qui dans le dernier fiecle fur-tout étoient crus & adoptés, femblent tenir aux préjugés & à la prévention. Mais on ne peut méconnoître au moins dans les émanations infenfibles un principe d'activité particulier, & pourquoi la tranfpiration n'en auroit-elle pas auſſi un qui lui ſeroit propre, & qui quoique nullement ſenſible pour les perſonnes bien conſtituées, pourroit le devenir cependant pour des femmes d'une extrême ſenſibilité des nerfs & tombées en ſpaſme ? On auroit donc à ſoupçonner ainſi une nouvelle cauſe à laquelle on pourroit attribuer une partie des effets produits par M. Meſmer. Mais quand même elle auroit lieu, qu'auroit de commun cette cauſe avec un principe univerſel, pénétrant tous les corps & guériſſant toutes les maladies ? Ajoutons qu'il y a de fortes raiſons auſſi de regarder ce moyen d'action comme nul ou au moins très-foible? Car, qu'eſt-ce autre choſe que la tranſpiration, qu'une humeur aqueuſe, foiblement urineuſe & ſaline ? Remarquons encore que ſon action s'étendant à très-peu de diſtance, en formant atmoſphere autour de nous, que n'ayant

pas d'ailleurs un très-grand degré d'at-
tenuation, elle ne peut être regardée
comme la caufe des effets attribués au
prétendu magnétifme, puifque fuivant
M. Mefmer il peut s'exercer de loin,
& manifefter fon action à travers les
les murs & les vêtemens. Obfervons
enfin que fur fon exiftence & fon action dans les procédés de cette méthode, il refteroit toujours une grande
incertitude & beaucoup de doutes,
puifqu'il feroit difficile, pour ne pas
dire même impoffible, de décider fi
les effets que l'on croiroit devoir attribuer à cette humeur exhalante, ne
pourroient pas également être produits
par la chaleur de la main, par les mouvemens de l'air déplacé dans les opérations, comme nous aurons bientôt
occafion de le dire ?

Mais M. Mefmer employe au moins
la médecine des attouchemens & nous
avons indiqué plus haut de combien

d'effets elle peut être la fource. M. Mefmer l'employe d'une maniere non moins efficace que ne paroiffent l'avoir fait tous ceux qui avant lui l'ont adoptée. En touchant les malades Gaffner leur impofoit les mains fur la tête & leur frottoit vivement la nuque. Greatrakes les promenoit fur les parties affectées, dans une feule direction, c'eft-à-dire en cherchant à chaffer le mal qui fuyoit devant elles vers une des extrémités du corps. M. Mefmer employe une maniere de toucher plus durable dans fon action. Elle confifte dans différentes appofitions des mains ou des doigts, dans de douces frictions fur certaines parties. Ces frictions font continuées pendant un plus ou moins long efpace de tems. Enfin il femble qu'il y ait un choix particulier de certaines régions du corps fur lefquelles on les exerce. M. Mefmer choifit & connoît différens centres de mouvement, & celui qu'il préfére le plus ordinairement répond auffi à la partie du corps humain la plus fenfible, la plus pourvue de nerfs, à celle en un mot qui femble être l'organe principal des fympathies ou des communications nerveufes dans l'économie animale : tel eft l'épigaftre ou la région de l'eftomac. Nous avons déjà dit plus haut que l'attouchement fur le corps humain peut avoir fes effets propres ; mais ce font fur-tout les frictions qui doivent en avoir de particuliers, & fi l'on y réfléchit bien on fentira que ces effets ne fe bornent point à de fimples impreffions paffageres ou au moins locales. N'eft-ce pas une propriété de la fibre vivante dans les corps animés, quand elle eft mife en vibration, d'entraîner les fibres voifines avec lefquelles elle communique, dans des ofcillations abfolument pareilles ? C'eft une fuite néceffaire de l'enchaînement intime &

de l'état de communication dans lequel le fyftême des plexus nerveux tient tous les organes de la machine. Il n'eft donc pas étonnant que fur des conftitutions extrêmement mobiles, préparées déjà fur-tout par l'état de fpafme, on puiffe exciter ainfi des centres d'ofcillations capables de fe propager dans une plus ou moins grande étendue & de produire ainfi des effets. Mais fi ces effets ont quelque réalité, ne contribueront-ils pas pour leur part à rendre raifon, fans aucun befoin d'agent particulier, des impreffions produites fur les malades que l'on attribue au magnétifme animal ? Et ne doit-on pas furtout remarquer ici qu'il n'y auroit rien de moins néceffaire que de recourir au magnétifme pour opérer ou expliquer leur production, puifque c'eft d'agir de loin, *actio in diftans*, qui fait le vrai caractere magnétique, & qu'ici il y a contact immédiat ?

Mais c'eſt plus particulierement en parlant à l'imagination qu'on peut être porté à croire que M. Meſmer opere ſes prodiges. Nous l'avons déjà dit ; ce ſont pour le plus grand nombre au moins, des perſonnes très-nerveuſes au phyſique, très-ardentes au moral, & déjà diſpoſées par une grande confiance, qui ſe préſentent aux traitemens. Mais quelle impreſſion ne doivent pas exciter en elles ces appareils, ces procédés, ces baquets d'une forme ſi vaſte & ſi myſtérieuſement couverts ; tout cet appareil deſtiné à la circulation d'un fluide, ces tiges de fer pour l'amener & le diriger ſur les malades, ces cordes pour ſa propagation entre les différentes perſonnes qui font le cercle ; ces grands réſervoirs pour lui ſervir de foyers ? Combien tous ces objets ſi frappans, ſi extraordinaires ne ſont-ils pas propres à parler à l'imagination de malades prévenus, &

à entretenir & perpétuer l'illusion ?

Mais l'imagination étant ainsi occupée, exaltée dans des constitutions très-actives, n'en résulte-t-il pas une mobilité des nerfs dont il est facile d'obtenir des effets ? Cet état d'exaltation continué, augmenté, ne menera-t-il pas naturellement à quelque crise nerveuse par la contention & le travail seul de l'imagination ? Et cet effet ne doit-il pas sur-tout arriver lorsque dans chaque traitement on procede aux opérations particulieres du magnétisme ? Est - il étonnant alors que M. Mesmer paroisse agir de loin ? Ces appositions des mains, ces doigts que l'on présente & qu'on promene en différentes directions, ces tiges de fer qu'on employe aux mêmes usages, toutes ces gesticulations bizarres, pour me servir de l'expression de Kaau Boerhaave, par lesquelles, dit-il, (1)

____

(1) V. la note de la p. 163. *Med. mag.* p. 368.

on s'étoit vanté dès autrefois de pouvoir guérir ; toutes ces gesticulations, dis-je, étant employées, répétées avec un air sérieux & imposant, l'imagination reste-t-elle oisive & l'ame muette ? N'est-ce pas en quelque sorte donner le dernier coup à l'imagination exaltée & disposée ? Qu'on lise ce que les anciens ont écrit de cette faculté de l'ame, à laquelle ils donnoient le nom de *phantasia*, & de son empire sur les corps, & l'on verra de combien d'effets très-extraordinaires & singuliers elle peut être la cause, sous combien de rapports elle peut changer, enfin notre maniere d'être physique, & l'exercice ordinaire de nos fonctions. Que ce soit cette cause qui agisse seule, ou qui contribue pour beaucoup à produire les effets si vantés du magnétisme animal, c'est ce qu'on ne peut revoquer en doute après tant d'essais particuliers répétés par différentes perfonnes, qui s'annonçant à des malades crédules pour des adeptes de M. Mef-mer, prenant un air grave, faifant quelques gefticulations fur le corps, & les touchant de certaines manieres, ont vu ainfi leurs accidens fe diffiper par une action dont tout l'effet dé-pendoit de l'imagination excitée. Ces exemples font fans nombre, & il en eft quelques-uns de très-frappans

Ce n'eft pas cependant que parmi ces derniers moyens quelques-uns au moins n'ayent une action phyfique ou méchanique, par laquelle ils puiffent opérer. Ainfi la fimple direction des doigts, fi la tranfpiration qui s'en exhale eft ici pour quelque chofe, auroit déjà un tel principe d'action. Il en feroit encore de même des afperfions que l'on fait avec différens corps, foit la tige de fer, le doigt, un bouquet, une fleur, & même le fouffle. Eft-on bien sûr que l'on n'agit pas alors par le mouvement de l'air déplacé, par de véritables afperfions aériennes, & ne fait-on pas qu'il s'en faut beaucoup que cette caufe foit fans effet fur des malades en fpafme, comme le démontre l'état d'aérophobie qui fe fait quelquefois remarquer dans les perfonnes attaquées de la rage ! Nous en avons eu un exemple à Senlis dans la perfonne du petit Briquet (1) à qui l'on occafionnoit des convulfions & une véritable fuffocation toutes les fois qu'en baiffant ou levant fa cou-

____

(1) Voyez Recherches fur la rage lues à la Société Royale de Médecine, par M. Andry, nouvelle Édition de l'année 1780. —— Hiftoire du traitement fait à Senlis à quinze perfonnes mordues par un chien enragé, par M. M. Poiffonnier Defperieres, Andry, Vicq-d'Azyr, De Lalouette, & Thouret, en l'année 1780. —— Voyez le troifieme volume des Mémoires de la Société Royale de Médecine, pour l'année 1779, pag. 167 de l'hift.

verture, en ouvrant la porte de l'appartement, on pouffoit une colonne d'air, ou qu'on fouffloit même d'une certaine diftance fur lui ? Ce fait ne démontre-t-il pas jufqu'à quel point dans les perfonnes convulfées, ou qui font en fpafme, il exifte une exceffive mobilité des nerfs dont on peut obtenir de finguliers effets, ainfi que nous avons dit plus haut qu'il faut bien le remarquer ? Or on doit obferver à ce fujet que la rage eft regardée comme une maladie éminemment fpafmodique & nerveufe ; qu'au nombre des moyens de magnétifer on employe le fouffle enfin que parmi les malades qui tombent en crife aux traitemens, on affure qu'il en eft qui donnent des fignes d'aerophobie & d'hydrophobie même, refufant avec une forte d'horreur la boiffon qu'on leur préfente.

Mais fans recourir à ces différens genres d'action purement phyfique qu'il ne faut pas négliger, il suffit de l'empire de l'imagination pour expliquer comment, avec ces procédés que nous venons d'indiquer, on peut produire ainsi des effets de loin. C'est sur-tout pour M. Mesmer & ses adeptes que l'on pourroit dire que ces effets doivent être plus faciles à produire, parce qu'ils inspirent un plus grand degré d'enthousiasme & de confiance. C'est aussi en grand sur-tout que ces effets réussissent: ils se fécondent alors merveilleusement. Une femme seule qui tombe en convulsion met les autres en transe; leur esprit travaille, & va comme au devant de l'effet qu'elles croyent prêt à survenir. Elles l'éprouvent par cela seul qu'elles s'attendent à l'éprouver : on pourroit dire qu'elles se rendent en quelque sorte avant l'attaque.

C'est ici sur-tout qu'il faut faire attention à ce que nous avons dit des convulsions imitatives. Si la vue d'une perſonne qui tombe dans des accès nerveux & dont le hazard ou la cohabitation ſeule rend témoin , ſuffit pour communiquer une pareille attaque à d'autres perſonnes diſpoſées à les contracter , comme mille exemples en offrent la preuve , combien cet effet ne ſera - t - il pas plus prompt à ſurvenir , ſi des circonſtances particulieres & très - propres à favoriſer ſa production y concourent ? Et c'eſt ce que l'on peut objecter à M. Meſmer. En annonçant ces criſes comme extrêmement avantageuſes, comme un moyen unique & ſûr de guériſon , les femmes qui ſuivent les traitemens ne deſirentelles pas de les éprouver ? En les préſentant comme elles ſont , c'eſt-à-dire, violentes, imprévues , accompagnées de violens accidens , mais ſur leſquels les grands avantages qu'elles doivent avoir ſont propres à faire paſſer ; n'eſt-ce pas faire naitre dans l'eſprit des malades un defir mêlé de crainte, & leur infpirer ainfi un fentiment qui les trouble d'autant plus qu'il réfulte pour ainfi dire de deux impreffions qui fe combattent? Mais agitées ainfi par deux fentimens oppofés, frappées continuellement du fpectacle de l'objet qui les occupe, eft-il étonnant de leur voir éprouver de fortes crifes?

Ces effets d'ailleurs peuvent encore être favorifés, aidés par d'autres impreffions qui les fecondent. Les traitemens fe faifant en public, le magnétifme animal étant devenu une mode, une affaire de bon ton, un intérêt enfin cher & précieux aux gens du monde, n'eft-on pas en droit de foupçonner qu'une ambition fecrette, un defir caché de fixer les regards du public, de l'occuper quelques momens, de fe faire diftinguer enfin, infpire quelques-unes des perfonnes d'un rang inférieur qui fe rendent aux traitemens? Qui ne connoît pas les intrigues d'une grande ville, & à Paris est-il aucun moyen que l'on regarde comme inutile de faire parler de foi ? C'est là une des causes que Sauvages assignoit aux maladies feintes (1), dans un tems où les vapeurs étant devenues à la mode, & passant pour être l'appanage du beau sexe & des femmes d'un ordre distingué, un grand nombre de personnes paroissoient les feindre, parce que l'on croyoit qu'elles caractérisoient une tournure d'esprit & une constitution plus délicates.

Mais il est encore une cause accessoire des crises convulsives, réputées magnétiques, à laquelle on seroit tenté d'assigner un tout autre caractère. Quels sont les acteurs du magnétisme animal ? De jeunes médecins, ou des hommes au moins dans la force de l'âge pour l'ordinaire. Quelles sont les

____

(1) Voyez Nosologia methodica, *morbi morales, morbi simulati.*

perſonnes malades ? Des femmes **en** plus grande partie, des perſonnes du ſexe. Mais ſi l'on réfléchit que dans la manière dont l'opération du magné-tiſme doit ſe conduire, les Médecins qui magnétiſent ont les mains appliquées ſur l'épigaſtre des malades ; que cette ſituation exige un rapprochement très-intime, dans lequel, pour ainſi dire, les corps ſe touchent, & les haleines ſe confondent ainſi que les regards, ſur-tout ſi l'on veut que l'opération ſoit plus prompte & plus ſûre, & l'on verra ſi l'on ne donne pas lieu de ſoupçonner que l'une des cauſes que Hecquet aſſi-gnoit aux convulſions de Saint-Médard, qu'il croyoit hyſtériques, concourt auſſi dans les criſes du Meſmériſme. On con-noît pluſieurs témoins de ces traitemens, auxquels cette conjecture ne paroît que trop fondée pour les intérêts même du magnétiſme, que cependant ils adoptent & défendent.

Je

Je ne puis, ni ne dois, ni ne veux soupçonner dans la production de ces crises aucune autre cause encore plus cachée, mais qui seroit severement punissable ; telle qu'une connivence, ou du moins l'emploi de personnes qui seroient dressées aux convulsions, & que l'on employeroit soit pour en faire le sujet d'essais particuliers, & pour fixer ainsi les regards, soit pour disposer les malades aux crises par le spectacle de la convulsion. Ce seroit à la vérité, comme l'a dit un homme distingué, une nécessité de reconnoître un dégré d'habileté extrême au moins dans la maniere dont cette manœuvre seroit exécutée. On ne peut disconvenir qu'elle n'ait été très-souvent mise en usage. Combien n'a-t-on pas vu d'exemples de cette fourberie employée avec une adresse surprenante, dans les convulsions des fanatiques de toutes les religions ? Mais c'est par la hardiesse même d'une pareille manœuvre qu'on doit la nier. Car, que feroit-ce donc alors que le magnétifme animal ? L'impofture la plus effrontée, la manœuvre la plus hardie que l'on eût jamais employée. Tant que des fcènes de ce genre n'ont occupé que des gens du peuple, ou une claffe d'individus ordinaires, on a pu les trouver coupables ; mais enfin elles ont été tolérées. Ici c'eft un ordre diftingué de malades, & de citoyens qui compofent & fuivent les traitemens. Ce feroit donc des hommes de marque, qui facrifient une partie de leur fortune pour une découverte préfentée comme utile à l'humanité, que l'on auroit joués ; ce feroit des femmes du premier rang qui feroient dupes de leur confiance, on pourroit même dire facrifiées dans leur fanté ? Car ces crifes répétées que l'on voit furvenir aux traitemens, ne font pas fans danger. Et comment étant auffi violentes qu'elles le font, durant fouvent pendant deux ou trois heures, fe terminant par des accidens allarmans, tels que des crachemens de fang, pourroient-elles être exemptes de fuites fàcheufes ? On affure qu'après les avoir éprouvées les femmes s'en trouvent mieux. Mais c'eft pour le moment, & ce bien-être momentané eft-il avantageux & durable ? La crife ranime bien à l'inftant la machine languiffante ; c'eft le coup de fouet donné qui releve les forces & produit quelques efforts : & dans les langueurs de l'état nerveux, ces fecouffes ont pour effet un pareil inftant de bien-être. Mais n'y a-t-il pas des fuites fàcheufes à en craindre, & ne doivent-elles pas aggraver le mal, fi elles ne le diffipent pas entierement ? Au refte, ces mauvais effets ne doivent fe manifefter qu'à la longue ; l'état d'enthoufiafme, en foutenant la machine, peut cacher leur production. De-là fans doute le retour des perfonnes magnétifées

aux traitemens, où elles se sentent en-
trainées, & par le souvenir du bien-
être momentané procuré par les crises,
& par le besoin toujours renaissant de
les éprouver, que fait sentir la dispari-
tion de ce bien-être, & le retour de l'état
ordinaire de langueur. Telles sont les
objections qu'il me semble que l'on pourroit faire, & que l'on trouvera peut-être
fondées. Plusieurs Médecins, observateurs
instruits, qui suivent ces traitemens,
regardent ces convulsions comme pouvant être très-nuisibles.

Ces détails paroîtront peut-être bien
rigoureux; mais ils m'ont semblé nécessaires. Ils font naître au moins une
réflexion qu'il est en général utile de
présenter. C'est que pour déterminer
la confiance dans une doctrine, il ne
suffit pas de répéter qu'il y a des faits
en sa faveur. N'en a-t-on pas cité à
l'appui de toutes les impostures ? La cure
sympathique n'avoit-elle pas les siens,

qui nous paroissent aujourd'hui aussi faux que ridicules ? Les convulsions de Saint-Médard & des Religieuses de Loudun, les guérisons de Gassner & de Greatrakes n'étoient-elles pas aussi des faits nombreux, visibles & revêtus en apparence de la plus grande authenticité ? Qui oseroit aujourd'hui les adopter ou les défendre ? On parle toujours de faits, on parle sans cesse d'observer. Mais il y a peut-être autant de fausses observations, qu'on a fait de faux raisonnemens. Tout dépend d'une chose dans ces deux objets, de la maniere d'y procéder. Il est aussi commun, aussi possible d'observer mal, que de mal raisonner. Ce n'est donc ni à l'apparence, ni à la multitude des faits qu'on doit s'arrèter ; mais à leur qualité, à leur nature particuliere. C'est ici la discussion qui doit déterminer, & non la premiere apparence. On a été tant de fois séduit par des tentatives du même genre, qu'on a droit d'exiger de la févérité dans l'examen, & de mettre de la referve dans fa croyance.

Il eft d'ailleurs d'autres fujets de doute que l'on peut encore propofer contre M. Mefmer. On fait combien il importe en général dans les fciences de fuivre, pour ainfi dire, les inventeurs dans la marche qu'ils ont tenue pour arriver à la vérité. C'eft fur-tout dans fes premiers élémens qu'il eft plus fûr & plus facile de juger un fyftême; & dans fes premiers pas, les intentions d'un auteur font plus à découvert. L'hiftoire de M. Mefmer fous ces rapports paroît à quelques perfonnes n'être point à négliger. Nous avons dit, en parlant de la Médecine univerfelle, que c'eft la même prétention qu'il paroît mettre en avant, & que c'eft par l'un des deux principaux fyftêmes qu'on a employés pour la foutenir, qu'il femble avoir auffi cherché à l'établir. Maintenant fi l'on fait attention à quelques circonſtances, il ſembleroit qu'on pût rendre raiſon du choix qu'il a fait, & peut-être n'eſt-il pas inutile de les expoſer. Ce n'eſt point dans l'opinion du pouvoir ſurnaturel opérant les maladies ou dirigeant le monde, que M. Meſmer paroît avoir pris ſes principes. Gaſſner peu de tems avant lui avoit employé & gâté ce moyen (1). Il ſemble avoir embraſſé l'autre opinion qui a ſervi de fondement à la même prétention, celle de l'influence des aſtres. Elle convenoit mieux au génie de ſa nation. Le magnétiſme qui dérive ſi évidemment de cette ſource antique, qu'il paroît n'être que la même opinion renouvellée, étoit né en Allemagne. Sans doute les eſprits étoient reſtés en-

---

(1) C'étoit en 1774 que Gaſſner opéroit à Ratiſbonne tous ſes prodiges ; & de Haen rapporte que ce n'étoit qu'après avoir fait des cures ſur ſes paroiſſiens, & parcouru différens cantons, qu'il étoit venu dans cette ville.

core empreints d'un reste de croyance dans ses principes. On doit le remarquer ici ; Gassner avoit été servi de la sorte par une superstition répandue parmi le peuple dans le fonds de l'Allemagne ; celle des démons & des mauvais esprits (1). Un avantage du même genre paroissoit être offert dans le magnétisme, & l'on pourroit dire que M. Mesmer auroit été conduit ainsi à l'adopter. Quelques réflexions peu-

---

(1) Il y avoit eu, vingt ans auparavant, un grand nombre de démoniaques en Allemagne ; & l'on y croyoit alors assez généralement. Cette rumeur acquit assez de crédit pour engager l'Impératrice à en faire examiner & traiter dans un de ses hôpitaux, par M. de Haen. La fourberie fut découverte, & les bruits populaires dissipés. M. de Haen ajoute que Gassner les avoit réveillés, & s'en étoit servi pour nourrir la superstition du peuple. Il rapporte l'observation de trois femmes possédées ou démoniaques, dont il donne une histoire détaillée. Ces trois cas étoient simulés. *Ibid.*

vent encore appuyer ces préfomptions.

D'abord on le voit imbu de très-bonne heure de la croyance des anciens fiecles à l'influence des aftres. Il avoit compofé une thèfe fur cet objet. Ce fut en 1766, qu'il la foutint. Vers 1774 le Pere Hell ayant mis l'ufage des aimans en faveur à Vienne, M. Mefmer adopta auffitôt ce moyen de guérifon: mais les effais en ce genre s'étant répandus très-généralement, on le vit s'éloigner de la route commune, préfenter le magnétifme fous une face nouvelle, convenir d'abord que le fluide magnétique étoit l'unique moyen dont il fe fervoit, & annoncer enfuite qu'il n'entroit pour rien dans fes procédés, mais que tout dépendoit d'un principe particulier qu'il étoit parvenu à découvrir, & qu'il nommoit *magnétifme animal*. Or je le demande; feroit-il contre toute vraifemblance de préfumer que, porté pour les opinions des anciens, & voyant le magnétifme fubftitué par fa nation même à l'influence des aftres, il eût préféré ce moyen?

On pourroit ajouter que M. Mefmer femble avoir voulu tirer parti des procédés & des principes de Gaffner en leur donnant une forme plus convenable au caractere du fiecle & de fa nation. On remarque d'abord qu'il lui reconnoiffoit une action véritable, une faculté d'agir particuliere, dépendante non du pouvoir fuprême, comme il lui reprochoit de l'avoir cru, mais d'un principe inconnu dont il faifoit ufage fans s'en douter, & qui étoit le magnétifme animal (1). Ajoutons que les

______

(1) « Ce fut, dit M. Mefmer, en l'année
» 1774, qu'un Eccléfiaftique, homme de bonne
» foi, mais d'un zele exceffif, opéra dans le
» diocèfe de Ratifbonne, fur différens ma-
» lades du genre nerveux, des effets qui pa-
» rurent furnaturels aux yeux des hommes
» les moins prévenus & les plus éclairés de
» cette contrée. Sa réputation s'étendit juf-

procédés de M. Mesmer sont les mêmes,
& que ses prétentions & ses vues sem-
blent calquées en quelque sorte, sur celles de Gassner. Ce dernier guérissoit en
touchant les malades : M. Mesmer employe le même moyen. Gassner ne regardoit pas toutes les maladies comme

---

» qu'à Vienne, où la Société étoit divisée en
» deux partis : l'un traitoit ces effets d'impos-
» tures & de supercheries ; tandis que l'autre
» les regardoit comme des merveilles opérées
» par la puissance divine. L'un & l'autre ce-
» pendant étoient dans l'erreur ; & mon ex-
» périence m'avoit appris dès-lors, que cet
» homme n'étoit en cela que l'instrument de
» la nature. Ce n'étoit que parce que sa pro-
» fession, secondée du hasard, déterminoit
» près de lui certaines combinaisons naturelles,
» qu'il renouvelloit les symptômes périodiques
» des maladies, sans en connoître la cause.
» La fin de ces paroxysmes étoit regardée
» comme des guérisons réelles. Le tems seul
» put désabuser le Public ». *Mémoire sur
la découverte du magnetisme animal*, pag.
36, 37.

K vj

propres à céder à son action. Il distinguoit les maladies en deux classes, en maladies ordinaires & produites par le Démon. Ces dernieres selon lui étoient beaucoup plus nombreuses, & les seules qu'il disoit pouvoir guérir. M. Mesmer admet aussi parmi les malades des sujets qui n'éprouvent aucunement l'action de son principe, & qu'on appelle par cette raison *antimagnétiques.* Gassner avoit des exorcismes qu'il appelloit *probatoires*, par lesquels il prétendoit pouvoir reconnoître quel étoit le caractere de la maladie, si le mal avoit la nature ou le démon pour principe, & ces exorcismes n'étoient pas toujours infaillibles. M. Mesmer de même a des procédés qu'il employe pour s'assurer non‑seulement de la nature, mais même du siége de la maladie, & si le malade est d'une constitution qui le rende propre à éprouver l'action de son agent. Gassner convenoit qu'il

ne guériffoit pas dans le moment
même fes malades, mais qu'il les
traitoit à plufieurs reprifes & pendant plufieurs jours. On fait que M.
Mefmer fuit la même méthode. Enfin Gaffner n'opéroit pas toutes les
guérifons qu'il tentoit de produire, &
il avoit deux moyens d'excufer fes dé-
fauts de fuccès ; l'incertitude de fes
exorcifmes probatoires & le manque
de foi de la part de fes malades. On
peut ajouter que Greatrakes alléguoit
auffi des prétextes en pareil cas. Il convenoit qu'il ne réuffiffoit pas toujours,
foit que la maladie fût trop invétérée,
ou que le malade fût d'une conftitu-
tution particuliere qui fe refufoit à l'effet
du remede. M. Mefmer fe retranche
également en difant que certains fujets
loin de pouvoir obéir à l'action du
magnétifme animal, font au contraire
d'une conftitution antimagnétique. Mais
en voyant de pareils rapports, ne fe-

ra-t-on pas tenté de penſer que le magnétiſme animal de M. Meſmer reſ-
ſemble fort aux moyens employés par
Gaſſner, comme ſa théorie & ſon ſyſtême reſſemblent au magnétiſme de l'autre ſiecle ?

Mais paſſons à d'autres objections.
Ce que l'on a publié ſur le ſort qu'a
éprouvé la découverte de M. Meſmer
depuis qu'il a prétendu en annoncer
une, peut en fournir encore de nouvelles qui méritent d'être préſentées.
C'eſt en ayant pour contradicteurs les
hommes les plus ſavans, qu'il commence ſon entrepriſe. On connoît ſa
querelle avec le Pere Hell & le célèbre M. Ingenhoufze (1). Ses propoſitions ayant été envoyées à l'académie
de Berlin, elles y furent rejettées comme

____

(1) Voyez Mémoire ſur la découverte du
magnétiſme animal, par M. Meſmer, pages
16, 18, 21, 27, 31.

deftituées de fondement & ne méritant aucune attention. On peut voir à ce fujet le parére de l'académie de Berlin (1). A Vienne M. Storch & tous les médecins crurent devoir s'oppofer à fes entre-prifes (2). Ne font-ce pas là au moins des témoignages à oppofer à ceux que M. Mefmer produit en fa faveur? L'o-pinion publique déclarée contre lui le força de quitter fa patrie. On peut voir comment il raconte lui-même ce foulevement général (3). Il parcourut différentes villes de l'Allemagne où il opéra quelques guérifons publiées d'abord avec éclat, que les papiers publics ont annoncées enfuite comme

---

(1) Voyez Gazette falutaire, ann. 1776, n°. 18.

(2) Mém. fur la découverte du Magnétifme animal, pag. 18, 28, 30, 56.

(3) Mém. fur la découverte du magnétifme animal, pag. 35, 36, 66, 68.

défavouées (1). Il retourna à Vienne où les esprits ne paroiſſoient pas revenus ſur ſon compte, & comme s'il eût été bien ſûr ainſi de ne pouvoir jamais y faire des proſélytes, il accourut en France (2). Ne pourra-t-on pas douter à quelque titre que cette préférence ſoit de nature à faire honneur à la nation?

Je n'entrerai ici dans aucun détail ſur les obſervations que l'on cite en faveur du magnétiſme & dont quelques perſonnes pourront penſer que l'examen & une diſcuſſion approfondie ſeroient utiles. Je me ſuis propoſé de parler non des faits, mais des écrits, de la doctrine ſpécialement ; & je me renferme dans mon plan. Mais on peut encore tirer du ſyſtême même de M. Meſmer

_____

(1) Voyez Gazette ſalutaire, ann. 1776, n°. 6 & 8. — 1777, n°. 12, 20, 24, 36. — 1779, n°. 3. — 1780, n°. 4.

(2) Mém. ſur la découverte du Magnétiſme animal, pag. 39, 66, 69.

quelques difficultés à propofer. L'agent
qu'il employe » eft, dit-il, d'une fub-
» tilité qui ne permet pas de compa-
» raifon — & qui pénetre tous les corps
« fans perdre notablement de fon ac-
» tivité (1). Cependant une matiere fi
tenue « fe réfléchit, fuivant lui, par
» les glaces, comme la lumiere (2) »
& employée fur des malades comme
fondant pour les obftructions, elle ne
peut les pénétrer fans y manifefter fon
action. Mais pourquoi, fubtile comme
elle eft, cette matiere fluide ne pénétre-t-elle pas le verre & le métal
des glaces ? Elle eft donc fous ce
rapport moins pénétrante que le fluide
de l'aimant ? Pourquoi ne paffe-t-
elle pas à travers les matieres engor-
gées, & ne pénétre-t-elle pas les
noyaux les plus durs des obftructions

---

(1) Propof. 2 & 13, ibid. pag. 74, 78.
(2) Propof. 15, pag. 78.

ſans y éprouver d'obſtacle & dès-lors ſans y faire ſentir ſon action? Ces difficultés, au reſte, ne ſont peut-être qu'apparentes.

Mais il eſt un ſoupçon plus marqué que ſemble autoriſer la conduite de M. Meſmer; ou plutôt une voie plus directe, plus convenable pour s'aſſurer ſur le champ de la vérité. C'eſt la découverte d'un nouvel agent, d'un principe des plus actifs de la nature que l'on annonce; & cet agent ou ce principe doit avoir des propriétés, une action & des effets particuliers. Il s'agit donc de demander à les connoître, d'engager les auteurs à les indiquer, à les ſpécifier & les épreuves néceſſaires pour en conſtater la réalité, une fois répétées, il ne pourra plus reſter aucun doute. Peut-on douter de l'exiſtence du fluide électrique, du fluide magnétique? C'eſt un fluide du même genre qu'annonce M. Meſmer; il doit donc être fusceptible d'un genre auffi frappant de démonftration, & l'on peut même dire encore plus fufceptible. Car c'eft le fluide primitif, c'eft le principe univerfel; & fes propriétés, fes effets devant être néceffairement en proportion avec l'importance & l'étendue de fon action dans le fyftême de la nature, il doit être, pour ainfi dire, fenfible de toutes manieres. Voilà donc toute la queftion du magnétifme animal, réduite au point de la plus grande fimplicité. Dira-t-on que depuis longtems M. Mefmer a produit des preuves de cette efpece de l'exiftence de fon agent? Mais on pourra répondre ici, qu'il n'en a donné que fur des malades & en général fur le corps vivant. Seroit-ce donc que le principe du magnétifme ne feroit fufceptible d'être démontré que fur l'économie animale ? Ce feroit là une grande fingularité. M. Mefmer n'a-t-il pas annoncé que cet agent jouoit un grand rôle dans toute la nature, & qu'il étoit propre à donner de nouvelles connoissances en physique ? N'est-ce pas d'ailleurs par des propriétés de ce dernier genre que tous les corps de la nature agissent ? N'est-ce pas au moins ainsi que les autres fluides électrique & magnétique se font reconnoitre, & dès-lors ce nouveau fluide ne doit-il pas avoir aussi son action sur d'autres corps physiques & même inanimés ? On doit y faire une sérieuse attention : ce seroit le corps de la nature le plus fécond en propriétés, le plus puissant en action qui seroit aussi le moins susceptible d'être démontré par différentes especes d'effets ? Cette assertion seroit un étrange paradoxe. Ce fluide enfin formant un remede universel dans la théorie du magnétisme, ne pourroit être démontré, ou ne seroit susceptible que du genre de démonstration le plus difficile, le moins clair, le plus sujet aux illufions & à l'erreur ? Cette affertion ne paroîtroit-elle pas le tour le plus adroit & le plus évident ? Car enfin c'eft prendre la voie qui fe prête le moins à la démonftration, & il fuffit pour s'en convaincre d'y faire l'attention la plus légere. On ne connoît point le fluide univerfel, principe du magnétifme. On l'annonce ; il faut le prouver. C'eft donc un objet inconnu qu'il s'agit de démontrer, & pour y parvenir il faut donc le comparer, le mettre en action avec d'autres corps dont on connoît bien l'état actuel & phyfique. Mais eft-ce le corps humain qui eft propre à cette application ? Sont-ce des perfonnes, fur-tout des malades, chez lefquels l'état des nerfs, les difpofitions intérieures, l'empire de l'imagination varient de mille manieres que l'on ne peut ni appercevoir ni apprécier, qui peuvent convenir à cet objet ? Dans les démonftrations, quand on les veut rigoureuses, c'eſt en employant les procédés les plus clairs, en appliquant l'agent réduit ou conſidéré dans ſa plus grande ſimplicité, à d'autres corps également les plus ſimples, qu'on doit procéder. Il faut pour ainſi dire décompoſer les actions, faire agir les corps & leur faire montrer chacune de leurs propriétés par une ſorte d'*abſtraction*. Mais le corps vivant eſt-il propre à ce genre de démonſtration? Sa maniere d'être au moral comme au phyſique ne varie-t-elle pas de mille façons, à tous momens ? L'homme enfin n'eſt-il pas la machine la plus compliquée, & n'eſt-ce pas un abyme obſcur de difficultés, qu'on ne peut approfondir ni pénétrer ? Ce n'eſt pas cependant qu'on ne puiſſe avoir ſur lui des démonſtrations d'un genre particulier. Mais il faut l'avouer ; elles ſont les moins concluantes ; c'eſt ce qui rend la médecine ſouvent conjecturale.

C'eſt auſſi, ce qu'il faut bien remarquer ici, la raiſon pour laquelle
il y a eu tant d'Empyriques en médecine & rarement en phyſique. La
raiſon auſſi pourroit en être qu'il ne
ne peut y avoir d'impoſture qui réuſ-
ſiſſe, ſans un grand but d'utilité, &
que la médecine en offre du premier
genre, en touchant aux intérêts les
plus grands de l'humanité. Mais c'eſt
plus particulierement encore parce
qu'elle préſente les moyens les plus
propres à cacher une action ſecrette
en répandant l'illuſion. Enfin on ne
peut diſconvenir qu'il faut au moins
de grandes précautions pour éviter en
ce genre l'illuſion & l'erreur. C'eſt
dans les choſes ſur-tout, où l'empire de
l'imagination peut avoir une grande influence, qu'il faut redoubler de précautions & de ſoins, & dans ce cas
il en eſt qu'on peut prendre, & que la
prudence exige. C'eſt d'agir ſur des in-

dividus avec lefquels on ait le moins à craindre cette fource d'erreurs, fur des perfonnes fenfées, des têtes froides, des complexions femblables, fur des gens peu inftruits, tels que des payfans, fur des enfans enfin & fur les animaux. Mais eft-ce ainfi que fe comportent les partifans du magnétifme animal? L'agent qu'ils admettent n'eft point fenfible pour les perfonnes qui fe portent bien. Il fe manifefte fpécialement ou uniquement fur les malades. Ce ne font point des enfans qu'on cite comme le fujet de leurs épreuves les plus ordinaires & les plus vantées. Ce font plus particulierement les femmes fur lefquelles elles ont lieu. Enfin les animaux ne font point foumis ou fenfibles à cette action.

Il n'en étoit point ainfi dans l'ancien magnétifme. Ses partifans avoient cru qu'ils devoient avoir plus de raifon ou moins de réferve. Mais auffi le parti qu'ils

qu'ils prirent leur fut-il funefte? En annonçant leur agent comme fufceptible
d'influer également fur des corps animés ou inanimés, fur des perfonnes
faines ou des malades, fur les hommes
ou les animaux, on fut plus facilement à portée de s'affurer de la vérité
de ces effets; & bientôt l'expérience
eut deffillé les yeux. Ainfi, fuivant
eux, il y avoit une action du corps
humain fur certains corps phyfiques,
comme il y en avoit une de ceux-ci
fur le corps humain. Ainfi le fel du
fang & la lampe de vie, *lampas vitæ*,
changeoient dans leurs apparences extérieures, lorfque l'individu qui avoit
fourni la fubftance dont ils étoient
formés, éprouvoit quelque grande
révolution, qu'il effuyoit une maladie, ou qu'il mouroit. On connoît
d'ailleurs ce qu'ils ont écrit fur l'art de
nuire par les excrémens, & fur la tranf-

plantation. Par celle-ci ils prétendoient pouvoir faire paſſer les différentes maladies du corps des malades, dans celui des animaux. Par les procédés du premier genre, il n'étoit aucunes perſonnes ſur leſquelles ils ne cruſſent pouvoir agir de loin (1). En cherchant à répé-

---

(1) Les auteurs employoient pluſieurs manieres pour guérir par la tranſplantation. Elle avoit lieu ſur des animaux ou ſur des arbres. En leur communiquant une portion de l'eſprit vital du malade, on croyoit qu'ils le purifioient ou le fortifioient, & l'effet de cette opération ſe tranſmettoit au malade même, le tout au moyen de l'eſprit univerſel. Car en parlant de l'eſprit vital particulier, ils diſoient qu'il falloit faire concourir avec lui l'eſprit univerſel dans leurs opérations : *Qui quidem ſpiritus cum illo ſuperiori ſemper ad effectus producendos conſpirare debet.* Maxwel, lib. 2. cap. 20. Ces procédés avoient leur action pour guérir les animaux comme les hommes, & l'on pouvoit également les employer pour nuire, en

ter ces eſſais on s'apperçut bientôt de leur peu de fondement ; & la doctrine tomba dans l'oubli. Ce fut ſur-tout du temps du pere *Kircher*, que la phyſique, commençant alors à répandre ſa lumiere, diſſipa ces erreurs. Rhedi tourna principalement ſes vues de ce côté. En cherchant à s'aſſurer par l'expérience de tant de faits adoptés de ſon tems, il en découvrit la fauſſeté, & tout le ſyſtême ancien du magnétiſme, à l'appui duquel on les avoit avancés, fut entierement abandonné. Ne ſembleroit-il pas que les partiſans du magnétiſme moderne auroient craint ou preſſenti un pareil ſort? Ils n'attribuent à leur agent aucune action purement phyſique, aucune propriété ſuſceptible d'être ainſi ſoumiſe à une expérience

---

occaſionnant différentes indiſpoſitions aux perſonnes même les plus ſaines.

fimple & facile. Après avoir tout pris de l'ancien fyftème, ils ne s'en éloignent que dans les points qui, admettant facilement l'examen en avoient hâté la ruine. Mais ne craignent-ils pas qu'on n'interprete cette circonftance à leur défavantage, & qu'on ne la regarde comme l'effet de la précaution?

Peut-être dira-t-on que c'eft juger défavorablement les preuves citées en faveur de M. Mefmer, puifque plufieurs perfonnes paroiffent s'en déclarer les partifans. Mais n'a-t-on pas vu également des témoignages à l'appui d'un grand nombre d'erreurs? La cure fympathique ou l'ancien magnétifme, n'a-t-elle pas eu auffi fes Enthoufiaftes? Le Chevalier Digby n'avoit-il pas écrit en faveur de la poudre de fympathie? Le Roi d'Angleterre n'y crut-il pas fur fa parole? Un nombre confidérable de Seigneurs atteftoient avoir été guéris de blessures graves par son moyen. Enfin on vit un grand nombre de médecins, parmi lesquels on trouve des noms connus, y ajouter foi & publier des écrits en sa faveur. C'est une triste vérité, mais elle n'est que trop réelle. Le savoir, les lumieres, la connoissance du monde ne sont pas toujours des préservatifs sûrs pour garantir des prestiges ou des écarts de l'imagination, ni des atteintes des empyriques & des charlatans. Les gens de cette espece ne respectent rien. D'ailleurs ajoutons que dans toutes les impostures, ce n'a jamais été que des choses très-desirables par leur utilité pour le genre humain, & très-merveilleuses quant au domaine de l'esprit que leurs auteurs ont annoncées. N'est-on pas naturellement porté à embrasser des promesses brillantes en ce genre ? Si des hommes de bonne-foi ont été séduits en pareils cas,

L iij

leur crédulité n'eſt-elle pas excuſable par le motif, & n'eſt-ce pas là l'oc- caſion de dire que ne pouvant faire aucun tort à leur eſprit, elle prouve en eux l'amour de la ſcience & le deſir de contribuer à ſes progrès ? Car ce n'eſt qu'aux auteurs mêmes de ces artifices que cette crédulité imprime le déshonneur. Il eſt affreux d'employer par ſoi-même & dans autrui l'amour & le pouvoir du bien à des intrigues d'intérêts, & de proſtituer la vérité par les mains de ceux mêmes qui lui ſont plus complettement dévoués.

Cette croyance d'ailleurs bornée à quelques individus, n'eſt rien moins que convaincante, & l'on pourroit même dire qu'il eſt poſſible non-ſeulement de la combattre victorieuſement, mais encore d'en rendre raiſon. C'eſt qu'on ne fait pas aſſez d'attention à tous les phénomenes ſinguliers

& extraordinaires que peut produire l'ataxie nerveuſe. Dans ces criſes convulſives on croit que c'eſt en employant une grande cauſe qu'on les produit. Mais ce n'eſt point l'action de la cauſe qui eſt grande, c'eſt la diſpoſition à l'effet. C'eſt le grand appareil de mouvemens, la bizarre ſingularité des moyens, l'étonnante variété ou mobilité des accidens qui ont toujours frappé dans le ſpectacle des convulſions. On a cru devoir conclure de-là qu'il exiſte une cauſe extérieure, un agent diſtinct & phyſique d'un ordre ſupérieur. Voilà quelle a été dans tous ces cas, la cauſe de l'illuſion & de l'erreur? Mais tout conſiſte alors dans la grande mobilité & ſenſibilité des nerfs, dans la rencontre ou le choix des ſujets convenables, & c'eſt de-là que vient tout le merveilleux des effets que l'on apperçoit. C'eſt ſans doute un ſpectacle très-frappant quand on le voit ainsi en grand , & lorsqu'on en est témoin pour la premiere fois , il est peut-être permis d'en être émerveillé. Mais enfin les exemples sont faits pour instruire en pareils cas , & c'est la lecture seule qui, pour prémunir contre de pareilles illusions , peut tenir lieu d'une expérience qu'on n'a pas. Combien d'événemens de ce genre ont eu lieu, & dont le genre humain a été la dupe ? C'est que les générations passent & que les témoins de chacune de ces impostures, les seuls qu'il ne soit plus possible peut-être de tromper, disparoissent & s'évanouissent. De leur temps, il ne seroit pas possible de les renouveller. Mais quand ils ne sont plus, quand la scène du monde ne présente que des hommes neufs & dépourvus d'expérience en ce genre, la crédulité reprend tous ses droits. Telle est la raison sans doute qui rend ces fcènes encore moins communes qu'elles ne le pourroient être. Car on ne manque pas d'hommes adroits, difpofés à faire des dupes. Mais il leur en manque fouvent l'occafion.

Sous ce rapport, peut-être il feroit intéreffant de faire l'hiftoire de chacune des tentatives de cette nature. Sans doute ce travail ne feroit pas utile pour le peuple, qui toujours peuple, c'eft-à-dire, ignorant & crédule, aime & demande à être trompé. Mais il en réfulteroit au moins un grand avantage pour les gouvernemens, qu'il ne feroit plus auffi facile d'abufer. Il y a en ce genre déjà des matériaux recueillis. Il n'eft aucune des impoftures, depuis la magie & l'aftrologie judiciaire, jufqu'aux poffeffions, qui n'ait eu fes hiftoriens. Les convulfions de Saint-Médard, les poffeffions de Loudun, ont eu les leurs. On doit à Mallebranche l'hiftoire de Jacques Aymar, ou de la baguette divinatoire. De Haen a fait celle de Gaſſner. Le magnétiſme de l'autre ſiecle ne paroît point en avoir eu de particuliere, & c'eſt ce motif qui m'a engagé à la publier dans cet ouvrage.

FIN.

ADDITION.

Il est dit à la page 13 & 14, que les partisans de l'ancien magnétisme admettoient, comme le fait M. Mesmer, une influence réciproque ou mutuelle, non – seulement entre la terre & les corps célestes, mais encore entre ceux-ci & les corps animés. *Wirdig* en fournit la preuve. *Cùm enim astra moveantur, & corpora nostra moveri necesse est ; quippè cùm spiritus habeant ex astris haustos australes, qui cùm communes sint nobis cum astris, inter eos communis consensus est, & mutuus magnetismus, sympatheismus & obedientia.* Medic. spirit. lib. 1, cap. 16, §. 15.